Noveller på Bulgariska

Korta berättelser på Bulgariska för nybörjare och elever på mellanstadiet

Bojidar Ivanova

greenthumbpublishing@gmail.com

Innehåll

Introduktion
Hur man använder
Läsguide

Sofia
Lavendel
Rosenolja
Svarta havet
Vin
Mineraliska källor
Vitoshabergen
Rakiya
Thrakerna
Plovdiv
På stranden
Camping vid sjön
Huset
På tåget
Matlagning av middag
Att gå hem
Slottet
Min trädgård
Att shoppa
På marknaden
På kaféet
Simning
Klippning av gräsmattan
Klippning
Parken

Introduktion

Att läsa på ett främmande språk är ett av de mest effektiva sätten att förbättra språkkunskaperna och utöka ordförrådet. Det kan dock ibland vara svårt att hitta engagerande läsmaterial på en lämplig nivå som ger en känsla av prestation och framsteg. De flesta böcker och artiklar som är skrivna för modersmålstalare kan vara för långa och svåra att förstå eller ha ett ordförråd på mycket hög nivå så att du känner dig överväldigad och ger upp. Om dessa problem låter bekanta är den här boken något för dig!

Noveller på Bulgariska är en samling av 25 okonventionella och underhållande noveller som är utformade för att hjälpa nybörjare och elever på mellannivå Bulgariska att förbättra sina språkkunskaper.

Dessa noveller skapar en stödjande läsmiljö genom att innehålla:

- Ett rikt språkligt innehåll i olika genrer som underhåller dig och ger dig en mängd olika ordformer.
- Kortare berättelser i kapitel för att ge dig nöjet att avsluta berättelser och göra snabba framsteg.
- Texter som är skrivna på din nivå så att de är lättare att förstå och inte överväldigande.
- Svensk översättning på växlande sidor, så att du kan läsa den rad för rad när du läser berättelsen Bulgariska.
- Nyckelord är tryckta i fetstil i berättelsen och översättningen för att hjälpa dig att lättare förstå okända ord.
- Förståelsefrågor för att testa din förståelse av viktiga händelser och för att uppmuntra dig att läsa mer i detalj.

Oavsett om du vill utöka ditt ordförråd, förbättra din förståelse eller bara läsa för skojs skull är den här boken det största steget framåt du kan ta i dina studier i år. Noveller på Bulgariska ger dig allt stöd du behöver, så luta dig tillbaka, slappna av och låt fantasin flöda när du förflyttas till en magisk värld av äventyr, mysterier och intriger - på Bulgariska!

Hur du använder den här boken

Läsning är en svår talang att bemästra. Vi använder en rad mikrofärdigheter för att hjälpa oss att läsa på våra modersmål. Vi kan till exempel skumma ett avsnitt för att få en grov förståelse, eller en kontentan, av vad det handlar om. Vi kan också kamma igenom många sidor i en tågplan för att hitta en viss tid eller plats. Medan dessa mikrofärdigheter är en självklarhet när vi läser på våra modersmål, visar forskning att vi ofta glömmer de flesta av dem när vi läser på ett främmande språk. När vi lär oss ett främmande språk börjar vi vanligtvis i början av en text och arbetar oss igenom den och försöker förstå varje enskilt ord. Det är oundvikligt att vi stöter på obekanta eller komplicerade termer och blir irriterade över vår oförmåga att förstå dem.

En av de största fördelarna med att läsa på ett främmande språk är att du får tillgång till ett stort antal fraser och uttryck som används i vardagliga situationer. Extensiv läsning är en term som används för att beskriva läsning för nöjes skull för att lära sig ett språk. Det är inte som att läsa en lärobok, då konversationer eller texter är utformade för att läsas långsamt och noggrant med målet att förstå varje ord. "Intensiv läsning" avser läsning som görs för att uppnå specifika inlärningsmål eller slutföra uppgifter. För att uttrycka det på ett annat sätt: grundlig läsning i läroböcker hjälper vanligtvis till att lära sig grammatiska regler och särskilt ordförråd, men omfattande läsning av berättelser hjälper till att lära sig det naturliga språket.

Noveller på Bulgariska ger dig möjligheter att lära dig

mer om det naturliga Bulgariska språket i bruk, även om du kanske har börjat din språkinlärningsresa med enbart läroböcker. Här är några tips att tänka på när du läser berättelserna i den här boken för att få ut så mycket som möjligt av dem: När det gäller läsning är nöje och en känsla av att ha uppnått något avgörande. Du fortsätter att komma tillbaka för mer eftersom du tycker om det du läser. Att läsa varje berättelse från början till slut är den bästa metoden för att njuta av att läsa berättelser och känna sig fulländad. Följaktligen är det mest avgörande att komma till slutet av en berättelse. Det är faktiskt mer avgörande än att kunna varje enskilt ord.

Ju mer du läser, desto mer kunskap får du. Om du läser större böcker för nöjes skull kommer du snabbt att få kunskap om hur Bulgariska fungerar. Tänk dock på att för att få alla fördelar av omfattande läsning måste du först läsa en tillräckligt stor volym. Om du läser några sidor här och där kan du kanske lära dig några nya ord, men det kommer inte att göra någon större skillnad i din totala nivå av Bulgariska.

Acceptera att du inte kommer att förstå allt du läser i en roman. Detta är utan tvekan den viktigaste punkten! Kom alltid ihåg att det är helt acceptabelt att inte förstå alla ord eller meningar. Det innebär inte att dina språkkunskaper är otillräckliga eller att du presterar dåligt. Det tyder på att du aktivt deltar i inlärningsprocessen.

Läsguide

För att få ut så mycket som möjligt av att läsa Noveller på Bulgariska är det bäst om du följer denna enkla läsprocess i sex steg för varje kapitel i berättelserna:

1. Läs kapitlets titel. Tänk på vad berättelsen kan handla om. Läs sedan berättelsen hela vägen igenom. Ditt mål är helt enkelt att nå slutet av berättelsen. Stanna därför inte upp för att slå upp ord och oroa dig inte om det finns saker som du inte förstår. Försök helt enkelt att följa handlingen.

2. När du når slutet av berättelsen ska du skanna den svenska översättningen för att se om du har förstått vad som har hänt och ta upp eventuella sammanhang som du kan ha missat.

3. Gå tillbaka och läs samma berättelse igen. Om du vill kan du fokusera mer på berättelsens detaljer än tidigare, men annars är det bara att läsa igenom den en gång till.

4. Arbeta sedan igenom förståelsefrågorna i Bulgariska för att kontrollera din förståelse av viktiga händelser i berättelsen. Om du inte förstår frågorna helt och hållet ska du inte oroa dig. Använd dina kunskaper för att svara så gott du kan.

5. Vid det här laget bör du ha en viss förståelse för de viktigaste händelserna i kapitlet. Om inte kan du läsa om kapitlet några gånger med hjälp av översättningen för att kontrollera okända ord och fraser tills du känner dig säker.

När du är redo och säker på att du förstår vad som har

hänt - oavsett om det är efter en eller flera läsningar av berättelsen - går du vidare till nästa berättelse och fortsätter att njuta av berättelsen i din egen takt, precis som du skulle göra med vilken annan bok som helst.

Först när du har avslutat en berättelse i sin helhet bör du överväga att gå tillbaka och studera berättelsespråket mer ingående om du vill. Eller i stället för att oroa dig för att förstå allt, ta dig tid att fokusera på allt du har förstått och gratulera dig själv till allt du har gjort.

Noveller på Bulgariska

София

София е красив град в България. Тя е столицата и най-големият град в България. Населението на София е около 1,4 милиона души. Името на града идва от гръцката дума за **мъдрост,** което е подходящо, защото в него се намират много университети и колежи. София е основана от римския император Константин I през 324 г. Той избира това място, защото е разположено в центъра между Европа и Азия, което го прави **идеално** място за търговия и занаятчийство. В продължение на векове София процъфтява като ключова спирка по търговския път на коприната, свързващ Китай с Европа. Днес София продължава да бъде важен икономически център в Източна Европа с процъфтяващ бизнес район, пълен с банки, офис кули и луксозни хотели. Въпреки **модерността** си, София запазва очарованието на стария свят.

Центърът на града е изпълнен с **красиви** православни църкви и средновековни руини. Една от най-популярните туристически атракции е катедралата “Александър Невски”, построена в чест на руските войници, загинали по време на Руско-турската война. Други забележителни обекти са джамията Баня Баши, една от двете останали османски джамии в България, и църквата

Sofia

Sofia är en vacker stad i Bulgarien. Det är Bulgariens huvudstad och största stad. Sofia har cirka 1,4 miljoner invånare. Stadens namn kommer från det grekiska ordet för **visdom,** vilket är passande eftersom staden är hemvist för många universitet och högskolor. Sofia grundades av den romerske kejsaren Konstantin I år 324 e.Kr. Han valde denna plats eftersom den var centralt belägen mellan Europa och Asien, vilket gjorde den till en **idealisk** plats för handel och affärer. Under århundraden blomstrade Sofia som ett viktigt stopp på handelsvägen Sidenvägen som förbinder Kina med Europa. I dag fortsätter Sofia att vara ett viktigt ekonomiskt centrum i Östeuropa med ett blomstrande affärsdistrikt fullt av banker, kontorstorn och lyxhotell. Trots sin **modernitet har** Sofia behållit en gammaldags charm.

Stadens centrum är fyllt av **vackra** ortodoxa kyrkor och medeltida ruiner. En av de mest populära turistattraktionerna är Alexander Nevskij-katedralen, som byggdes för att hedra de ryska soldater som dog under det rysk-turkiska kriget. Andra anmärkningsvärda sevärdheter är Banya Bashi-moskén, en av endast två kvarvarande ottomanska moskéer i Bulgarien, och St Nedelya-kyrkan, en **utsmyckad** bulgarisk-ortodox kyrka från 1800-talet. I Sofia finns också många

“Света Неделя”, **богато украсена** българска православна църква от XIX век. В София се намират и много музеи и художествени галерии, представящи както местно, така и международно изкуство. В Националната художествена галерия са изложени картини на известни български художници, а в Природонаучния музей има експозиции на **динозаври** и други животни от цял свят. За нещо наистина уникално, посетете Музея на социалистическото изкуство, в който са изложени пропагандни плакати и други артефакти от **комунистическата** епоха в България.

Посещението в София не би било пълно, ако не опитате традиционна българска храна. Шопската салата е задължително ястие, приготвено от **домати,** краставици, лук, чушки, сирене фета и дресинг от зехтин. Друг популярен вариант е баницата - люспест сладкиш, пълнен със спанак или сирене, който може да се сервира за закуска или като гарнитура по време на обяд или вечеря. Баница може да се намери в повечето **пекарни в** София, но за нещо наистина специално я опитайте в ресторант Saray, където се приготвя ежедневно прясна по автентична **рецепта, предавана от** поколения.
И не забравяйте да измиете всичко с чаша (или две) ракия - националната алкохолна напитка на България, приготвена от ферментирали плодови сокове!

museer och konstgallerier som visar upp både lokal och internationell konst. National Art Gallery visar målningar av kända bulgariska konstnärer, medan naturhistoriska museet har utställningar om **dinosaurier** och andra djur från hela världen. Om du vill ha något riktigt unikt kan du kolla in Museum of Socialist Art, som visar propagandaaffischer och andra artefakter från Bulgariens **kommunistiska** era.

Inget besök i Sofia skulle vara komplett utan att prova traditionell bulgarisk mat. Shopska-sallad är en maträtt som måste provas och består av **tomater**, gurkor, lök, paprika, fetaost och olivoljedressing. Ett annat populärt alternativ är banitsa - ett fläckigt bakverk fyllt med spenat eller ost som kan serveras till frukost eller som ett tillbehör vid lunch eller middag. Banitsa finns på de flesta **bagerier** i Sofia, men om du vill ha något riktigt speciellt kan du prova den på Saray Restaurant, där den görs dagligen färsk enligt ett autentiskt **recept som gått i arv i** generationer. Och glöm inte att skölja ner allting med ett glas (eller två) rakia - Bulgariens nationella alkoholhaltiga dryck gjord på jäst fruktjuice!

Въпроси за разбиране

1. Как се казва градът в България?

2. Какво означава името на града?

3. Кой е основал града?

4. Защо е избрано мястото за построяване на града?

5. С какво е била известна София преди векове?

6. С какво е известна София днес?

7. Какви сгради се намират в бизнес района?

8. Коя е една от най-популярните туристически атракции?

9. Каква храна трябва да опитате, когато посетите София?

10. Коя е националната алкохолна напитка в България?

Frågor om förståelse

1. Vad heter staden i Bulgarien?

2. Vad betyder stadens namn?

3. Vem grundade staden?

4. Varför valdes platsen för att bygga staden?

5. Vad var Sofia känd för för flera århundraden sedan?

6. Vad är Sofia känd för i dag?

7. Vilken typ av byggnader finns i affärsdistriktet?

8. Vad är en av de mest populära turistattraktionerna?

9. Vilken typ av mat måste du prova när du besöker Sofia?

10. Vad är den nationella alkoholhaltiga drycken i Bulgarien?

Лавандула

Лавандула винаги е била **специално** момиче. Имаше дарбата да кара хората да се чувстват по-добре, независимо какъв е проблемът им. Приятелите ѝ идваха при нея с проблемите си, а тя ги изслушваше търпеливо, преди да им даде мъдър съвет. Дори когато беше по-млада, Лавандула имаше стара душа и беше мъдра повече от годините си. Затова не беше изненадващо, че когато бабата на Лавандула почина, тя се зае да **утеши** скърбящото ѝ семейство. Помагаше на майка си да готви и чисти и се грижеше малкият ѝ брат да си пише домашните всяка вечер. Това беше труден момент за всички, но Лавендер остана силна и подкрепяща през цялото време. В крайна сметка нещата отново започват да се нормализират. Но въпреки че най-тежката **тъга** беше преминала, Лавендер все още изпитваше ужасна липса по баба си. Липсваше ѝ да чува истории за времето, когато е била млада, или да получава късчета мъдрост от възрастната жена.

Така един ден Лавандула решава да засади **лавандулов** храст в памет на баба си - и оттогава всеки път, когато усеща сладкия му аромат, който се носи из въздуха, той носи мир и утеха в сърцето ѝ, знаейки, че част от баба ѝ все още е винаги с тях. Дарбата на Лавандула да кара хората да се

Lavendel

Lavender har alltid varit en **speciell** flicka. Hon hade en förmåga att få människor att må bättre, oavsett vad deras problem var. Hennes vänner kom till henne med sina problem och hon lyssnade tålmodigt innan hon gav kloka råd. Även när hon var yngre hade Lavender en gammal själ och var klokare än sina år. Det var därför inte förvånande att när Lavendels mormor gick bort tog hon på sig att **trösta** sin sörjande familj. Hon hjälpte sin mamma att laga mat och städa och såg till att hennes lillebror fick sina läxor gjorda varje kväll. Det var en svår tid för alla, men Lavender var stark och stödjande under hela tiden. Så småningom började saker och ting bli normala igen. Men även om den värsta **sorgen** hade gått över fann Lavender fortfarande att hon saknade sin mormor fruktansvärt mycket. Hon saknade att höra historier om när hon var ung eller att få ta del av visdom från den äldre kvinnan.

Så en dag bestämde sig Lavender för att plantera en lavendelbuske till minne av sin mormor - och från och med nu, när hon kände doften av den ljuva doften i luften, fick hon lugn och tröst i hjärtat, eftersom hon visste att en del av hennes mormor fanns kvar hos dem. Lavendels gåva att få människor att må bättre kom väl till pass när hon började arbeta som **sjuksköterska**. Hon blev snabbt känd som “den helande ängeln” av sina patienter, eftersom hon alltid tog sig tid att

чувстват по-добре ѝ идва на помощ, когато започва работа като **медицинска сестра**. Пациентите ѝ бързо я нарекоха "лекуващия ангел", тъй като винаги отделяше време да изслуша и да предложи мили думи на насърчение. Без значение колко е заета, Лавендер винаги се старае да провери всеки един от пациентите си, дори и да е само за кратък разговор. По време на един от тези разговори Лавендер се запознава с г-жа Сондърс, **възрастна** жена, която е диагностицирана с рак. Още от първия им разговор стана ясно, че госпожа Сондърс се страхува от бъдещето, но Лавендер направи всичко възможно, за да облекчи страховете ѝ и да ѝ помогне да остане **позитивна**.

Те разговаряха с часове за най-различни неща - от **детските** спомени на госпожа Сондърс до това какъв е животът ѝ в момента извън стените на болницата. Това внесе така необходимата светлина в живота и на двамата в един много мрачен период. В крайна сметка здравето на госпожа Сондърс започна бързо да се влошава и тя знаеше, че дните ѝ са **преброени, но** преди да почине, не пропусна да каже на Лавендер колко е благодарна за всичко, което е направила; не само за това, че е била невероятна медицинска сестра, но и за това, че е била истински приятел в някои от най-мрачните ѝ часове.

lyssna och ge vänliga uppmuntrande ord. Oavsett hur upptagen hon var såg Lavender alltid till att titta in hos var och en av sina patienter, även om det bara var för en snabb pratstund. Det var under ett av dessa samtal som Lavender träffade Mrs Saunders, en **äldre** kvinna som hade fått diagnosen cancer. Redan från deras första samtal stod det klart att mrs Saunders var livrädd för vad framtiden skulle föra med sig - men Lavender gjorde allt hon kunde för att lindra hennes rädsla och hjälpa henne att hålla sig **positiv**.

De pratade i timmar om allt möjligt, från mrs Saunders barndomsminnen till hur livet var utanför sjukhusets väggar. Det förde in lite välbehövligt ljus i deras båda liv under en mycket mörk tid. Så småningom började mrs Saunders hälsa försämras snabbt och hon visste att hennes dagar var **räknade - men** innan hon gick bort såg hon till att berätta för Lavender hur tacksam hon var för allt hon hade gjort; inte bara för att hon var en fantastisk sjuksköterska utan också för att hon var en sann vän under några av hennes mörkaste timmar.

Въпроси за разбиране

1. Какъв беше подаръкът на Лавандула?

2. Как Лавандула помага на семейството си, след като баба ѝ умира?

3. Защо Лавандула засажда лавандулов храст?

4. Какъв е прякорът на Лавандула в болницата?

5. Коя беше г-жа Сондърс?

6. Каква е диагнозата на г-жа Сондърс?

7. За какво разговарят госпожа Сондърс и Лавандула?

8. Как се е влошило здравето на г-жа Сондърс?

9. Какво каза г-жа Сондърс на Лавандула, преди да умре?

10. На кого винаги може да разчита Лавандула?

Frågor om förståelse

1. Vad var Lavendels gåva?

2. Hur hjälpte Lavender sin familj efter att hennes mormor hade gått bort?

3. Varför planterade Lavendel en lavendelbuske?

4. Vad var Lavendels smeknamn på sjukhuset?

5. Vem var fru Saunders?

6. Vilken var fru Saunders diagnos?

7. Vad pratade mrs Saunders och Lavender om?

8. Hur försämrades fru Saunders hälsa?

9. Vad sa mrs Saunders till Lavender innan hon dog?

10. Vem kan Lavender alltid räkna med?

Розово масло

Сладкият, цветен аромат на розово масло изпълва въздуха, докато Лайла работи в градината си. Тя обичаше мириса на рози и винаги се стараеше да има няколко капки **масло** върху ръцете си, когато работеше с тях. Това беше едно от любимите ѝ неща през лятото. Докато подрязваше един храст, чу някой да я вика по име. Звучеше като съседката ѝ, госпожа Джаксън. Лайла се изправи и избърса ръцете си в престилката, преди да отиде до оградата, която разделяше имотите им. "Здравейте, госпожо Джаксън", каза тя топло. "Какво мога да направя за вас?" Исках само да ви съобщя, че синът ми **утре ще бъде на гости в** града и се чудех дали не искате да дойдете на вечеря. Лайла беше развълнувана, че ще вечеря с госпожа Джаксън и сина ѝ. Винаги е била **любопитна за** него, тъй като никога преди не го е виждала. Госпожа Джаксън ѝ беше казала, че той живее в града и работи като лекар. Когато на следващия ден Лайла пристигна в дома на госпожа Джаксън, тя се изненада, като видя колко **красив** е синът ѝ.

Той се представи като Джеймс и всички седнаха да вечерят заедно. Разговорът вървеше лесно и Лайла откри, че **компанията** му ѝ доставя огромно

Rosenolja

Den söta, blommiga doften av rosenolja fyllde luften när Lila arbetade i sin trädgård. Hon älskade doften av rosor och såg alltid till att ha några droppar **olja** på händerna när hon arbetade med dem. Det var en av hennes favoritsaker med sommaren. När hon klippte en buske hörde hon någon ropa hennes namn. Det lät som hennes granne mrs Jackson. Lila reste sig upp och torkade händerna på sitt förkläde innan hon gick över till staketet som skiljde deras fastigheter åt. "Hej, mrs Jackson", sade hon varmt. "Vad kan jag göra för er?" Jag ville bara berätta att min son kommer att vara i stan på besök **i morgon,** och jag undrar om ni vill komma över på middag. Lila var glad över att få äta middag med mrs Jackson och hennes son. Hon hade alltid varit **nyfiken** på honom eftersom hon aldrig hade sett honom förut. Mrs Jackson hade berättat att han bodde i staden och arbetade som läkare. När Lila kom till mrs Jacksons hus nästa dag blev hon förvånad över att se hur **stilig** hennes son var.

Han presenterade sig som James, och de satte sig ner för att äta tillsammans. Samtalet flöt lätt och Lila tyckte att hon uppskattade hans **sällskap** oerhört mycket. Efter middagen frågade James om han kunde följa Lila hem. Hon accepterade ivrigt och de tog farväl av mrs

удоволствие. След вечеря Джеймс попита дали може да придружи Лайла до дома. Тя прие с нетърпение и двамата се сбогуваха с госпожа Джаксън. Докато вървяха, Джеймс потърси ръката на Лайла и я стисна нежно. Когато стигнаха до вратата, той се наведе и я целуна леко по устните. Това беше перфектният край на една перфектна **вечер**. Лайла и Джеймс започнаха да се виждат редовно. Тя беше влюбена до уши в него, а той, изглежда, изпитваше същите чувства към нея. Прекарваха часове в разговори, разхождаха се ръка за ръка из парка или просто седяха в прегръдките си. Беше перфектно. Един ден Джеймс изневиделица каза на Лайла, че трябва да напусне града за няколко седмици по работа. Тя беше **разочарована,** но разбра. Лайла отброи дните до завръщането на Джеймс. Той ѝ липсваше ужасно и нямаше търпение да го види отново. В деня, в който той трябваше да се върне, тя отиде да го посрещне на гарата. Но когато **влакът пристигна,** от Джеймс нямаше и следа.

Jackson. Medan de gick sträckte James sig efter Lilas hand och tryckte den försiktigt. När de kom fram till hennes dörr lutade han sig fram och kysste henne lätt på läpparna. Det var ett perfekt slut på en perfekt **kväll**. Lila och James började träffa varandra regelbundet. Hon var överväldigande förälskad i honom och han verkade känna samma sak för henne. De tillbringade timmar med att prata, gå hand i hand i parken eller bara sitta i varandras armar. Det var perfekt. En dag, helt plötsligt, berättade James för Lila att han var tvungen att lämna staden i några veckor på grund av affärer. Hon blev **besviken** men förstod. Lila räknade ner dagarna tills James skulle komma tillbaka. Hon saknade honom fruktansvärt mycket och kunde inte vänta på att få träffa honom igen. Den dag han skulle återvända gick hon och mötte honom på tågstationen. Men när **tåget** körde in fanns det inga tecken på James.

Въпроси за разбиране

1. Какво прави главният герой, когато усеща мирис на рози?

2. Кого чува Лила да я вика по име?

3. Кое е нещото, което интересува Лайла за сина на госпожа Джаксън?

4. Какво чувства Лайла към Джеймс след вечерята?

5. Защо Джеймс трябва да напусне града?

6. Как се чувства Лайла, когато Джеймс не й се обажда?

7. Какво прави Лайла, когато й липсва Джеймс?

8. Какво намира Лила, когато отваря една от бутилките с розово масло?

9. Как се чувства Лайла, след като прочита бележката?

10. Вижда ли Лайла отново Джеймс?

Frågor om förståelse

1. Vad gör huvudpersonen när hon känner doften av rosor?

2. Vem hör Lila ropa sitt namn?

3. Vad är det som Lila är nyfiken på när det gäller mrs Jacksons son?

4. Hur känner Lila för James efter middagen?

5. Varför måste James lämna staden?

6. Hur känner sig Lila när hon inte hör av James?

7. Vad gör Lila när hon saknar James?

8. Vad hittar Lila när hon öppnar en av flaskorna med rosenolja?

9. Hur känner sig Lila efter att ha läst meddelandet?

10. Träffar Lila någonsin James igen?

Черно море

Черно море е място, изпълнено с мистерии и легенди. В продължение на векове то е било източник на очарование за мореплаватели и изследователи. Твърди се, че морето е дом на **странни** същества и изгубени цивилизации. Някои казват, че то е прокълнато, а други вярват, че крие огромна сила и съкровища. Никой не знае със сигурност какво се крие под тъмните му води. През последните години Черно море се превърна в **популярна** дестинация за туристите, които търсят приключения. Морето е известно с коварните си метеорологични условия и опасни течения. Много хора са се удавили във водите му или са изчезнали, след като са навлезли твърде далеч от брега. Въпреки рисковете, има хора, които са привлечени от тъмния **чар на** морето. Те идват в търсене на вълнения и приключения, надявайки се да намерят нещо, което не могат да намерят никъде другаде по света. В този конкретен ден морето беше тихо и спокойно на вид, сякаш нищо зловещо не се криеше под **повърхността** му.

Група приятели бяха наели лодка и плаваха в открито море с изследователска мисия. Когато се отдалечили от сушата, те започнали да се чувстват неспокойни, че се намират толкова далеч в морето

Svarta havet

Svarta havet är en plats med mystik och legender. I århundraden har det varit en källa till fascination för seglare och upptäcktsresande. Det sägs att havet är hemvist för **märkliga** varelser och förlorade civilisationer. Vissa säger att det är förbannat, medan andra tror att det rymmer stor makt och stora skatter. Ingen vet med säkerhet vad som finns under dess mörka vatten. På senare år har Svarta havet blivit ett **populärt** resmål för turister som söker äventyr. Havet är känt för sina förrädiska väderförhållanden och farliga strömmar. Många människor har drunknat i dess vatten eller försvunnit efter att ha vågat sig för långt från land. Trots riskerna finns det de som dras till havets mörka **lockelse**. De kommer på jakt efter spänning och äventyr, i hopp om att hitta något som de inte kan hitta någon annanstans i världen. Just den här dagen var havet lugnt och fridfullt, som om inget ondskefullt lurade under **ytan**.

En grupp vänner hade hyrt en båt och seglade ut på öppet vatten för att utforska. När de kom längre bort från land började de känna sig oroliga över att befinna sig så långt ute på havet utan någon runt omkring sig. Plötsligt blev det mörkt på himlen när stormmoln snabbt drog in över dem. **Starka** vindar tilltog och piskade upp vågor som hotade att få deras lilla fartyg

и няма никой около тях. Изведнъж небето над тях потъмняло, тъй като бързо се появили буреносни облаци. Засилили се **силни** ветрове, които вдигали вълни, заплашващи да преобърнат малкия им кораб. Приятелите се борели смело със стихията, но накрая се предали на изтощението. Лодката им се носела безцелно, докато най-накрая не заседнала на непознат остров. Докато изследват новата **обстановка,** приятелите откриват, че островът е покрит със странни символи и надписи. Откриват и древни руини, които изглежда датират от векове. Скоро става ясно, че не са сами на острова. Започват да виждат странни **същества, които** се крият в сенките и ги наблюдават със зловещи очи. Приятелите разбрали, че са се натъкнали на нещо наистина магическо и загадъчно.

Трябваше да бъдат внимателни, ако искаха да се измъкнат живи от **острова.** С настъпването на нощта съществата стават все по-смели и започват да се приближават към приятелите. Те се уплашиха, но не искаха да покажат слабост. Изведнъж едно от съществата нададе силен писък и ги нападна. Останалите последвали примера му и скоро приятелите били **заобиколени от** заплашителните същества. Точно когато изглеждаше, че ще бъдат нападнати, в небето се появи ярка светлина и **изплаши** съществата.

att kantra. Vännerna kämpade tappert mot elementen men gav till slut efter för utmattning. Båten drev planlöst tills den slutligen gick på grund på en okänd ö. När de utforskade sin nya **omgivning** upptäckte vännerna att ön var täckt av märkliga symboler och skrift. De upptäckte också antika ruiner som verkade vara flera hundra år gamla. Det stod snart klart att de inte var ensamma på ön. De började se märkliga **varelser som** lurade i skuggorna och iakttog dem med kusliga ögon. Vännerna visste att de hade snubblat över något verkligt magiskt och mystiskt.

De måste vara försiktiga om de ville klara sig levande från **ön.** När natten började falla blev varelserna djärvare och började närma sig vännerna. De var livrädda men ville inte visa svaghet. Plötsligt släppte en av varelserna ut ett högt skrik och stormade mot dem. De andra följde efter och snart var vännerna **omgivna av** de hotfulla varelserna. Just när det verkade som om de skulle bli attackerade dök ett starkt ljus upp på himlen och **skrämde** bort varelserna.

Въпроси за разбиране

1. Какво представлява Черно море?

2. От колко века Черно море е източник на очарование?

3. За кое място се казва, че е дом на Черно море?

4. Какво е проклятието на Черно море?

5. Какво притежава Черно море?

6. В какво се е превърнало Черно море през последните години?

7. С какво е известно морето?

8. Колко души са изчезнали, след като са навлезли твърде далеч от брега?

9. Какво търсят онези, които са привлечени от тъмната съблазън на морето?

10. Какво откриват приятелите, когато изследват новата си среда?

Frågor om förståelse

1. Vad finns det i Svarta havet?

2. Under hur många århundraden har Svarta havet varit en källa till fascination?

3. Vad sägs vara Svarta havets hemvist?

4. Vad är Svarta havets förbannelse?

5. Vad finns i Svarta havet?

6. Vad har Svarta havet blivit under de senaste åren?

7. Vad är havet känt för?

8. Hur många personer har försvunnit efter att ha vågat sig för långt från kusten?

9. Vad söker de som dras till havets mörka lockelse?

10. Vad hittade vännerna när de utforskade sin nya omgivning?

Вино

Първият път, когато пих вино, беше на сватбата ми. И двамата със **съпруга** ми бяхме притеснени, така че всеки от нас отпи по глътка, за да успокои нервите си. Вкусът не приличаше на нищо, което бях изпитвала досега. Беше сладък и плодов, с дъбова нотка, която оставаше на небцето. И двамата се съгласихме, че това е най-доброто вино, което някога сме опитвали. Оттогава опитваме различни вина от цял свят. Открихме някои, които ни харесват повече от други, но винаги има какво ново да **открием**. Виното се превърна в едно от любимите ни неща, които споделяме заедно. Независимо дали се наслаждаваме на чаша с вечерята или споделяме бутилка по специален повод, това винаги е **приятно** преживяване.

Тази вечер ще опитаме ново вино, което нямахме търпение да опитаме. Това е червено вино от Италия, което ни препоръча наш приятел. Наливаме си по една **чаша** и отпиваме по глътка. Ароматът е богат и сложен, с нотки на череша и шоколад. И двамата се усмихваме одобрително. Докато продължаваме да пием, започваме да се чувстваме **по-спокойни** и щастливи. Разговорът върви лесно, докато споделяме истории и се смеем

Vin

Första gången jag drack vin var på mitt bröllop. Min **man** och jag var båda nervösa, så vi tog varsin klunk för att lugna våra nerver. Smaken var olik något som jag aldrig hade upplevt tidigare. Den var söt och fruktig, med en antydan till ekighet som stannade kvar i gommen. Vi var båda överens om att det var det bästa vinet vi någonsin smakat. Sedan dess har vi provat olika viner från hela världen. Vi har hittat några som vi tycker bättre om än andra, men det finns alltid något nytt att **upptäcka**. Vin har blivit en av våra favoritsaker att dela med oss av tillsammans. Oavsett om vi njuter av ett glas till middagen eller delar en flaska vid ett speciellt tillfälle är det alltid en **trevlig** upplevelse.

Ikväll ska vi prova ett nytt vin som vi gärna har velat prova. Det är ett rött vin från Italien som vår vän rekommenderade. Vi häller upp ett **glas åt varandra** och tar en klunk. Smaken är fyllig och komplex med toner av körsbär och choklad. Vi ler båda instämmande. När vi fortsätter att dricka börjar vi känna oss mer **avslappnade** och glada. Samtalet flyter lätt när vi delar historier och skrattar tillsammans. Vi dricker upp flaskan inom kort och känner oss nöjda och tillfredsställda. Det var ännu en fantastisk upptäckt tack vare vår kärlek till vinet. En dag bestämde vi oss för att åka på

заедно. Не след дълго завършваме бутилката, чувствайки се доволни и удовлетворени. Това беше още едно чудесно откритие благодарение на любовта ни към виното. Един ден решихме да отидем на обиколка за дегустация на вино в нашия местен район. Посетихме няколко **винарни** и дегустирахме различни вина. Някои от тях бяха добри, други - не толкова, но всичко това беше част от преживяването. В един момент се озовахме пред голяма **бъчва с** червено вино.

Собственикът ни каза, че това е тяхната специална резерва и ни предложи да опитаме. Първоначално се поколебахме, тъй като беше доста скъпо, но после решихме да го вземем. Ароматът беше невероятен! Беше гладка и плътна, с точното количество **сладост**. В крайна сметка си купихме бутилка, за да я вземем със себе си вкъщи.
С нарастването на колекцията ни от вина се увеличават и знанията ни за тях. Научаваме за **различните** сортове грозде и как те влияят на вкуса на виното. Експериментираме с комбинации с храни и откриваме нови любими вина. Виното се превърна в нещо повече от просто нещо, което пием; то е нещо, което ни харесва да **научаваме** и изследваме заедно.

en vinprovningstur i vårt närområde. Vi besökte flera **vingårdar och** provade en mängd olika viner. En del var goda, en del var inte så goda, men det var en del av upplevelsen. Vid ett tillfälle befann vi oss framför en stor **tunna** med rött vin.

Ägaren berättade att det var deras specialreserv och bjöd oss på en smakbit. Vi tvekade först, eftersom den var ganska dyr, men bestämde oss sedan för att ta den. Smaken var otrolig! Den var len och fyllig med precis rätt mängd **sötma**. Det slutade med att vi köpte en flaska att ta med oss hem. I takt med att vår samling av vin växer, ökar också våra kunskaper om det. Vi lär oss om **olika** druvsorter och hur de påverkar vinets smak. Vi experimenterar med matkombinationer och hittar nya favoriter på vägen. Vin har blivit mer än bara något vi dricker; det är något vi tycker om att **lära oss** om och utforska tillsammans.

Въпроси за разбиране

1. Какво е направил съпругът на авторката на сватбата им?

2. Какво е мнението на автора за виното, което са пили на сватбата си?

3. С какво се занимават авторката и съпругът ѝ след сватбата си?

4. Какво правят авторката и съпругът ѝ тази вечер?

5. Какво казва собственикът на винарната на авторката и нейния съпруг?

6. Какво е мнението на автора и съпруга му за виното, което са опитали?

7. Какво са купили авторката и съпругът ѝ от винарната?

8. Как се е променила връзката на автора с виното, след като за първи път го е опитал?

9. Какво е правил авторът по време на обиколката си с дегустация на вино?

10. В какво се е превърнало виното за тях, казва авторът?

Frågor om förståelse

1. Vad gjorde författarens make på deras bröllop?

2. Vad tyckte författaren om vinet som de drack på sitt bröllop?

3. Vad har författaren och hennes man gjort sedan bröllopet?

4. Vad gör författaren och hennes man i kväll?

5. Vad sa vingårdens ägare till författaren och deras man?

6. Vad tyckte författaren och hennes make om vinet de smakade?

7. Vad köpte författaren och deras man från vingården?

8. Hur har författarnas förhållande till vin förändrats sedan de provade det första gången?

9. Vad har författaren gjort på sin vinprovningstur?

10. Vad säger författaren att vinet har blivit för dem?

Минерални извори

Госпожа Сондърс винаги е обичала да ходи на изворите. Като дете тя прекарвала часове в игри в хладната вода с приятелите си. Отиваше там, за да прочисти съзнанието си и да се откъсне за малко от ежедневието. точно от това се нуждаеше в момента; малко време за себе си в климатичната система на природата! Когато госпожа Сондърс се приближи до изворите, тя видя, че нещо е различно. Обикновено бистрата вода беше **мътна** и кафява, а във въздуха се носеше неприятна миризма. Не искаше да повярва, но знаеше какво се е случило - някой беше замърсил изворите! Тя седна на близката скала и се почувства обезверена. Това място винаги е било нейното **щастливо** място, но сега беше разрушено. Кой би могъл да направи такова нещо? И защо? Точно тогава тя чу гласове, идващи от другата страна на извора. Изглеждаше, че двама мъже **спорят** за нещо.

Мисис Сондърс се приближи, за да може да чуе какво си говорят. “Казвам ви, че трябва да се отървем по някакъв начин от това замърсяване!” - каза гневно един от мъжете. “И как предлагате да направим това?” - скептично отговори **спътникът** му. “Не знам... но ако не направим нещо скоро,

Mineraliska källor

Mrs Saunders hade alltid älskat att åka till källorna. Som barn brukade hon tillbringa timmar med att leka i det svala vattnet tillsammans med sina vänner. Hon brukade åka dit för att rensa tankarna och komma bort från **vardagen** för en stund. Precis vad hon behövde just nu; lite tid för sig själv i naturens luftkonditioneringssystem! När mrs Saunders närmade sig källorna kunde hon se att något var annorlunda. Det vanligtvis klara vattnet var **grumligt** och brunt, och det fanns en obehaglig lukt i luften. Hon ville inte tro det, men hon visste vad som hade hänt; någon hade förorenat källorna! Hon satte sig på en närliggande sten och kände sig nedstämd. Den här platsen hade alltid varit hennes **lyckliga** plats, men nu var den förstörd. Vem kunde ha gjort något sådant? Och varför? Just då hörde hon röster från andra sidan källan. Det lät som om två män **bråkade** om något.

Mrs Saunders kröp närmare så att hon kunde höra vad de sa. "Jag säger er, vi måste bli av med den här föroreningen på något sätt!" sa en av männen ilsket. "Och hur föreslår du att vi skall göra det?" svarade hans **kamrat** skeptiskt. "Jag vet inte... men om vi inte gör något snart kommer hela staden att lida." "Visst", suckade den andre mannen motvilligt. Men jag säger

целият град ще пострада." "Добре" - въздъхна неохотно другият мъж. Но още сега ти казвам, че какъвто и безумен план да измислиш - няма да го направя!" С това двамата мъже си тръгнаха, оставяйки госпожа Сондърс отново сама с **мислите** си. Цяла нощ госпожа Сондърс не можеше да изхвърли от главата си думите на тези мъже. Колкото повече мислеше за тях, толкова повече се **ядосваше.** За кого се мислеха те, като седяха и не правеха нищо, докато любимите им извори се превръщаха в помийна яма? Е, тя нямаше да се примири с това!

На следващия ден, въоръжена с кофа и гъба, тя тръгна към изворите, решена да ги почисти сама, ако никой друг не го направи. Отнело й часове изтощителна работа в жегата, но до **залез слънце** госпожа Сондърс успяла да направи някои малки подобрения. Окуражена от постигнатия напредък, госпожа Сондърс се прибра у дома, като се зарече да се връща всеки ден, докато не свърши работата. Бавно, но сигурно в **Минерал** Спрингс се разчуло за това, което г-жа Сондърс правела, и не след дълго хората също започнали да се присъединяват. Всяка сутрин групи от **жители на града** се събирали при изворите, въоръжени с **кофи,** готови за поредния работен ден... и постепенно, но сигурно, нещата започнали да се подобряват.

dig med en gång, vilken galen plan du än kommer på - jag gör det inte!" Med det gick de båda männen skilda vägar och lämnade fru Saunders ensam med sina **tankar** igen. Mrs Saunders kunde inte få dessa mäns ord ur huvudet hela natten lång. Ju mer hon tänkte på det, desto **argare** blev hon. Vem trodde de att de var, att de satt och gjorde ingenting medan deras älskade källor förvandlades till en avloppsbrunn? Tja, hon tänkte inte ta det på **sängen**!

Nästa dag, beväpnad med en hink och en svamp, marscherade hon ner till källorna, fast besluten att rengöra dem själv om ingen annan skulle göra det. Det krävdes timmar av ett slitsamt arbete i den svindlande hettan, men vid **solnedgången** hade mrs Saunders lyckats göra några små förbättringar. Uppmuntrad av sina framsteg återvände fru Saunders hem och lovade att komma tillbaka varje dag tills arbetet var klart. Långsamt men säkert spreds ryktet om vad fru Saunders gjorde över hela **Mineral** Springs, och snart började folk också delta i arbetet. Varje morgon samlades grupper av **stadsbor** vid källorna beväpnade med **hinkar** redo för en ny dags arbete ... och gradvis men säkert började saker och ting bli bättre.

Въпроси за разбиране

1. Какво прави госпожа Сондърс, когато чува, че мъжете се карат?

2. Какво беше различното в изворите, когато пристигна г-жа Сондърс?

3. Защо госпожа Сондърс е почувствала нуждата сама да почисти пружините?

4. Как са реагирали хората, когато са разбрали какво прави г-жа Сондърс?

5. Колко време отне на госпожа Сондърс да почисти пружините?

6. Какъв е резултатът от усилията на г-жа Сондърс?

7. Какво си казаха мъжете, преди да тръгнат по своя път?

8. Какво направи госпожа Сондърс, когато се прибра у дома?

9. Какво обещава да направи г-жа Сондърс?

10. Каква е общата реакция на жителите на града, когато виждат, че изворите отново са чисти?

Frågor om förståelse

1. Vad gör fru Saunders när hon hör männen bråka?

2. Vad var annorlunda med källorna när fru Saunders kom?

3. Varför kände fru Saunders att hon behövde rengöra fjädrarna själv?

4. Hur reagerade folk när de fick reda på vad fru Saunders gjorde?

5. Hur lång tid tog det för fru Saunders att rengöra fjädrarna?

6. Vad blev resultatet av fru Saunders ansträngningar?

7. Vad sa männen till varandra innan de gick skilda vägar?

8. Vad gjorde fru Saunders när hon kom hem?

9. Vad lovade fru Saunders att göra?

10. Hur reagerade stadsborna kollektivt när de såg att källorna var klara igen?

Планините Витоша

Слънцето току-що бе надникнало над **хоризонта и** хвърляше розово-оранжево сияние върху планината Витоша. Птичките пееха, а катеричките си бъбреха, докато се занимаваха със сутрешните си дела. Всичко на света беше наред, с изключение на едно малко нещо. В далечината, от другата страна на **долината,** се събираше тъмен облак. Той не беше естествен - това беше ясно от размера и скоростта му. Нещо идваше и не изглеждаше добре. Животните също можеха да го усетят. Те замълчаха, докато гледаха **приближаването на** облака, а сърцата им се свиваха от **страх**.

Дори и най-смелите сред тях знаеха, че не могат да се преборят с това - каквото и да беше, то беше голямо, мощно и **опасно**. Когато облакът достигна до тях, те видяха какво всъщност представлява: огромно стадо препускащи коне! Очите им бяха обезумели от ужас, докато те преминаваха с гръм и трясък, оставяйки след себе си следа от прах и разрушения. Животните изпаднаха в **паника**. Не знаеха какво да правят и къде да отидат. Някои от тях побягнаха към безопасното място в гората, а други се скриха в хралупи и **пещери с** надеждата, че ще бъдат пощадени. Но конете не се интересуваха

Vitoshabergen

Solen hade precis börjat titta över **horisonten** och kastade ett rosa och orange sken över Vitoshabergen. Fåglarna sjöng och ekorrarna pratade medan de skötte sina morgongrejer. Allt var rätt i världen, utom en liten sak. I fjärran, på andra sidan **dalen,** hopade sig ett mörkt moln. Det var inte naturligt - så mycket stod klart med tanke på dess storlek och hastighet. Något var på väg, och det såg inte bra ut. Djuren kunde också känna det. De blev tysta när de såg molnet **närma sig och** deras hjärtan bultade av **rädsla**.

Till och med de modigaste av dem visste att detta var något de inte kunde slåss mot - vad det än var, så var det stort och kraftfullt och **farligt**. När molnet nådde fram till dem kunde de se vad det verkligen var: en enorm hjord av stampande hästar! Deras ögon var vilda av skräck när de dundrade förbi och lämnade efter sig ett spår av damm och förstörelse. Djuren var i **panik**. De visste inte vad de skulle göra eller vart de skulle ta vägen. En del av dem sprang mot skogens säkerhet, medan andra gömde sig i hålor och **grottor i** hopp om att de skulle bli skonade. Men hästarna brydde sig inte om vem som gömde sig och vem som sprang. De var på ett uppdrag att förstöra allt i sin väg! Träd röjdes upp, **stenar** krossades och små varelser trampades ner

от това кой се крие и кой бяга. Те имаха мисия да унищожат всичко по пътя си! Дърветата бяха изкоренени, **скалите -** разбити, а малките същества - стъпкани. Нямаше спасение от яростта им.

Както внезапно се бяха появили, конете отново изчезнаха в далечината, оставяйки след себе си следи от разруха. Животните бавно излязоха от скривалищата си, треперещи от страх от това, на което току-що бяха станали свидетели. Това беше **нещо, което** те никога нямаше да забравят - събитие, което щеше да промени живота им завинаги. Животните знаеха, че трябва да предупредят останалите. Това беше нещо голямо и лошо и идваше за всички тях. Затова те разпространиха информацията надлъж и нашир, докато всяко **същество** в гората научи за препускащите коне. Някои от тях искаха да останат и да се бият, но бързо разбраха, че няма как да победят срещу такава сила. Вместо това те побягнаха. **Разпръснаха се** по вятъра, бягайки колкото се може по-бързо към безопасността. Може би някой ден ще се върнат, но засега единствената им цел беше да **оцелеят**.

under fötterna. Det fanns ingen möjlighet att undkomma deras raseri.

Lika plötsligt som de hade dykt upp försvann hästarna i fjärran igen och lämnade efter sig ett spår av förödelse. Djuren kom långsamt fram ur sina gömställen och darrade av rädsla för vad de just hade bevittnat. Detta var **något som** de aldrig skulle glömma - en händelse som skulle förändra deras liv för alltid. Djuren visste att de var tvungna att varna de andra. Detta var något stort och hemskt, och det var på väg mot dem alla. Så de spred ordet vitt och brett, tills alla **varelser** i skogen visste om de stampande hästarna. Några av dem ville stanna kvar och slåss, men de insåg snabbt att det inte fanns något sätt att vinna mot en sådan styrka. Så i stället flydde de. De **skingrades** i vinden och sprang så fort de kunde mot säkerhet. Kanske skulle de en dag komma tillbaka, men för tillfället var deras enda mål att **överleva**.

Въпроси за разбиране

1. Какъв беше тъмният облак, който животните видяха в далечината?

2. Какво направиха животните, когато видяха препускащите коне?

3. Защо животните са избягали?

4. Как са се отразили на животните препускащите коне?

5. Какво направиха животните, след като конете си тръгнаха?

6. Каква е била целта на животните?

7. Как мислите, какво са си помислили животните, когато са видели конете?

8. Мислите ли, че животните ще се върнат? Защо или защо не?

9. Какво бихте направили, ако бяхте на мястото на животните?

10. Какво според вас представляват препускащите коне?

Frågor om förståelse

1. Vad var det för mörkt moln som djuren såg i fjärran?

2. Vad gjorde djuren när de såg hästarna?

3. Varför flydde djuren?

4. Hur påverkade hästarna djuren?

5. Vad gjorde djuren när hästarna hade gått?

6. Vad var djurens mål?

7. Vad tror du att djuren tänkte när de såg hästarna?

8. Tror du att djuren kommer tillbaka? Varför eller varför inte?

9. Vad skulle du ha gjort om du hade varit i djurens ställe?

10. Vad tror du att hästarna representerar?

Rakiya

Ракия винаги е била **творческо** дете. Тя обичаше да измисля истории и да пее песни. Родителите ѝ насърчавали творчеството ѝ и тя често прекарвала часове в стаята си, потънала в собствения си свят. Един ден родителите на Ракия я водят на представление. Тя за първи път виждала нещо подобно и била запленена от историята. След представлението **родителите на** Ракия я попитали дали не би искала сама да опита да играе. Те я записват в клас по актьорско майсторство и Ракия бързо се влюбва в играта. Ракия започва да участва в местни **театрални** постановки и скоро забелязват таланта ѝ. Тя получава по-големи роли и дори се снима в телевизията. Кариерата ѝ се развива, но Ракия все още намира време за творчески занимания извън актьорската професия: пише разкази, рисува картини и композира песни на **пиано**.

Усеща, че творчеството ѝ помага да се задържи на земята на фона на всички успехи, които постига като актриса. Също така означава, че когато нещата не вървят добре в професионален план, тя винаги може да се обърне към изкуството като форма на себеизразяване и **освобождаване**. С навлизането

Rakiya

Rakiya har alltid varit ett **kreativt** barn. Hon älskade att hitta på historier och sjunga sånger. Hennes föräldrar uppmuntrade hennes kreativitet, och hon tillbringade ofta timmar i sitt rum, förlorad i sin egen värld. En dag tog Rakiyas föräldrar med henne för att se en pjäs. Det var första gången hon någonsin hade sett något liknande, och hon blev fängslad av berättelsen. Efter föreställningen frågade Rakiyas **föräldrar** henne om hon ville prova på att spela teater själv. De skrev in henne i en skådespelarklass och Rakiya blev snabbt förälskad i att spela teater. Rakiya började medverka i lokala teaterproduktioner och började snart bli uppmärksammad för sin talang. Hon fick större roller och fick till och med en del arbete på tv. Karriären tog fart, men Rakiya tog sig fortfarande tid för sina kreativa sysselsättningar utanför skådespeleriet; hon skrev berättelser, målade bilder och komponerade sånger på **piano**.

Hon kände att kreativitet hjälpte henne att hålla sig på jorden i alla de framgångar hon hade som skådespelerska. Det innebar också att när det inte gick så bra professionellt kunde hon alltid vända sig till konsten som en form av självuttryck och **frigörelse**. När Rakiya kom in i vuxenlivet fann hon att hon drogs

си в зряла възраст Ракия се насочва към независими филмови проекти, които ѝ позволяват по-голям артистичен контрол, отколкото работата в Холивуд. Тя пише, режисира и участва в няколко успешни **късометражни** филма, които получават одобрението на критиката. Нейната уникална визия и стил ѝ спечелват верни последователи сред кинозрителите, които оценяват да видят нещо различно на екрана. През последните години Ракия започва да експериментира с **технологията за** виртуална реалност като начин да създаде още по-завладяващи преживявания за публиката.

Тя е смятана за един от **най-иновативните** режисьори, работещи днес, и не показва признаци, че скоро ще забави темпото. Последният проект на Ракия е VR преживяване, базирано на собствената ѝ житейска история. Играчът влиза в ролята на Ракия, докато тя се занимава с ежедневните си дейности - от уроци по актьорско майсторство до **работа на** снимачната площадка. Когато играчът навлезе по-дълбоко в играта, той започва да вижда проблясъци от творческия процес на Ракия по време на работа и как тя черпи вдъхновение от заобикалящия я свят. В момента Ракия разработва няколко нови проекта, както в традиционната филмова сфера, така и във VR. Тя продължава да се стреми да разширява границите и да разказва истории, които намират отклик у хората по целия свят.

mer till oberoende filmprojekt, vilket gav henne större konstnärlig kontroll än att arbeta inom mainstream Hollywood. Hon skrev, regisserade och spelade huvudrollen i flera framgångsrika kortfilmer som fick kritikerkommentarer. Hennes unika vision och stil gav henne en lojal publik bland biobesökare som uppskattade att se något annorlunda på filmduken. På senare år har Rakya börjat experimentera med virtual **reality-teknik som ett** sätt att skapa ännu mer uppslukande berättelser för publiken.

Hon betraktas allmänt som en av de mest **innovativa** filmskaparna i dag och visar inga tecken på att avta i närtid. Rakiyas senaste projekt är en VR-upplevelse baserad på hennes egen livshistoria. Spelaren tar på sig rollen som Rakiya när hon utför sina vardagliga aktiviteter, från att gå på skådespelarutbildning till att **arbeta** på inspelningsplatsen. När spelaren kommer djupare in i spelet börjar de få se glimtar av Rakiyas kreativa process på jobbet och hur hon hämtar inspiration från världen runt omkring henne. Rakiya håller för närvarande på att utveckla flera nya projekt, både inom traditionell film och VR. Hon är fortfarande engagerad i att tänja på gränser och berätta historier som väcker genklang hos människor över hela världen.

Въпроси за разбиране

1. Как се казва главният герой?

2. Какво са направили родителите на героинята, за да насърчат нейното творчество?

3. Каква е реакцията на главната героиня на пиесата, която родителите ѝ са я завели да види?

4. Защо родителите на главната героиня я записват на курс по актьорско майсторство?

5. Какво прави главният герой, когато не играе?

6. С какви филми предпочита да работи главният герой?

7. Какъв е последният проект на главния герой?

8. Какво може да направи играчът в играта, основана на историята на живота на главния герой?

9. Каква тема се проявява в историята на главния герой?

10. На кого е вдъхновение главният герой?

Frågor om förståelse

1. Vad heter huvudpersonen?

2. Vad gjorde huvudpersonens föräldrar för att uppmuntra hennes kreativitet?

3. Hur reagerade huvudpersonen på pjäsen som hennes föräldrar tog med henne för att se?

4. Varför anmälde huvudpersonens föräldrar henne till en skådespelarkurs?

5. Vad gjorde huvudpersonen när hon inte spelade teater?

6. Vilken typ av filmer föredrar huvudpersonen att arbeta med?

7. Vad är huvudpersonens senaste projekt?

8. Vad får spelaren göra i spelet som bygger på huvudpersonens livshistoria?

9. Vilket tema är tydligt i huvudpersonens berättelse?

10. Vem inspireras av huvudpersonen?

Траките

Траките били горд и благороден народ. Живеели са в земя, богата на **ресурси, и са** имали силата и числеността да я защитават. Въпреки това земята им била заобиколена от врагове, които винаги търсели възможност да нанесат удар. В резултат на това траките е трябвало да бъдат постоянно нащрек, готови да се бият във всеки един момент. Един ден, докато траките били на **лов,** те попаднали на засада от група разбойници. Бандитите ги превъзхождали числено и бързо ги пленили. **Водачът на** бандитите поискал от траките да предадат всичките си ценности, иначе ще ги убие.

Траките отказали да се подчинят на исканията му и затова вождът заповядал на хората си да започнат да ги убиват един по един. Първите няколко **жертви** молели за милост, но скоро разбрали, че няма да получат такава от похитителите си. С падането на всеки тракиец останалите ставали все по-решителни да не се отказват от имуществото и живота си без бой. Накрая водачът на разбойниците се уморил да чака и **заповядал на** хората си да избият всички траки. Докато умирали, траките знаели, че са загинали с чест и че имената им ще бъдат **запомнени** завинаги от народа им. Новината за

Thrakerna

Thrakerna var ett stolt och ädelt folk. De bodde i ett land som var rikt på **resurser** och de hade styrka och antal för att försvara det. Men deras land var också omgivet av fiender som alltid letade efter ett tillfälle att slå till. Därför var thrakerna tvungna att ständigt vara på sin vakt, redo att slåss på ett ögonblick. En dag när thrakerna var ute på **jakt** blev de överfallna av en grupp banditer. Banditerna var fler än dem och tog dem snabbt till fånga. Banditernas **ledare** krävde att thrakerna skulle överlämna alla sina värdesaker, annars skulle han döda dem alla.

Thrakerna vägrade att ge efter för hans krav och ledaren beordrade sina män att börja döda dem en efter en. De första **offren** bad om nåd, men insåg snart att de inte skulle få någon nåd från sina fångvaktare. När varje thraker föll blev de kvarvarande mer beslutna att inte ge upp sina ägodelar eller sina liv utan strid. Till slut tröttnade banditernas ledare på att vänta och **beordrade** sina män att döda alla thrakerna. När de låg döende visste thrakerna att de hade dött med ära och att deras namn för alltid skulle bli **ihågkomna** av deras folk. Nyheten om thrakernas död spreds snabbt och snart stod deras fiender vid deras dörr och krävde att de skulle överlämna alla sina **resurser**.

смъртта на траките се разпространява бързо и скоро враговете им са на прага им, като искат да предадат всичките си **ресурси**.

Траките отказали и се сражавали храбро срещу **огромното превъзходство**. В крайна сметка те побеждават и прогонват враговете си. Траките са платили висока цена за победата си, но са показали, че са сила, с която трябва да се съобразяват. Тяхната **смелост** и решителност ще се помнят от идните поколения. Траките най-накрая са могли да живеят в мир и благоденствие. Земята им процъфтяваше, а **народът** им благоденстваше. Споменът за загиналите им другари ги вдъхновявал да бъдат винаги готови да защитават дома си и начина си на живот. Траките се превърнали в **легенда**.

Thrakerna vägrade och kämpade tappert mot **överväldigande** odds. Till slut segrade de och drev bort sina fiender. Thrakerna hade betalat ett högt pris för sin seger, men de hade visat att de var en kraft att räkna med. Deras **mod** och beslutsamhet skulle bli ihågkomna i kommande generationer. Thrakerna kunde äntligen leva i fred och välstånd. Deras land blomstrade och deras **folk hade det** bra. Minnet av deras fallna kamrater inspirerade dem att alltid vara redo att försvara sitt hem och sitt sätt att leva. Thrakerna hade blivit en **legend**.

Въпроси за разбиране

1. Кои са били траките?

2. Къде са живели траките?

3. Защо траките е трябвало да бъдат постоянно нащрек?

4. Какво се случило, когато траките били на лов?

5. Кой нападна траките от засада?

6. Какво поиска водачът на разбойниците?

7. Какво се случи, когато траките отказаха да се подчинят на исканията?

8. Кога траките разбрали, че ще бъдат запомнени завинаги?

9. Какъв е резултатът от борбата на траките с техните врагове?

10. Защо траките са легенда?

Frågor om förståelse

1. Vad var thrakerna?

2. Var bodde thrakerna?

3. Varför var thrakerna tvungna att ständigt vara på sin vakt?

4. Vad hände när thrakerna var ute på jakt?

5. Vem låg i bakhåll för thrakerna?

6. Vad krävde banditernas ledare?

7. Vad hände när thrakerna vägrade att ge efter för kraven?

8. När visste thrakerna att de skulle bli ihågkomna för alltid?

9. Vad blev resultatet av att thrakerna kämpade mot sina fiender?

10. Varför var thrakerna en legend?

Пловдив

Град Пловдив е оживен **метрополис, изпълнен с** живот и енергия. Това е място, където всичко може да се случи. Един ден млада жена на име София решава да се премести в Пловдив, за да започне на чисто. Тя е преминала през трудни моменти и е готова за промяна. Когато пристига в **града,** тя веднага се влюбва в него. Всичко е толкова ново и вълнуващо за нея. София бързо се сприятелява и започва да изследва всичко, което градът може да предложи. Тя открива скрити съкровища, като малки **кафенета,** закътани в уличките, или тайни градини на покривите с прекрасна гледка към хоризонта. Всеки ден в Пловдив е приключение. В крайна сметка София се влюбва до уши в града - точно толкова, колкото и той **в** нея.

София живееше в Пловдив от няколко месеца и **много** й харесваше. Харесваше й енергията на града; винаги имаше нещо ново за изследване. Един ден София решила да **се** отклони от утъпкания път и да види какво още може да предложи градът. В крайна сметка се озовала в част на града, в която не била ходила преди. Беше малко занемарена и не се случваше много. Но докато София се разхождаше, започна да забелязва всички уникални

Plovdiv

Staden Plovdiv är en livlig **metropol,** full av liv och energi. Det är en plats där allting kan hända. En dag bestämmer sig en ung kvinna vid namn Sofia för att flytta till Plovdiv för att börja om på nytt. Hon har gått igenom några tuffa tider och är redo för en förändring. När hon anländer till **staden** blir hon genast förälskad i den. Allt är så nytt och spännande för henne. Sofia får snabbt vänner och börjar utforska allt som staden har att erbjuda. Hon upptäcker dolda pärlor, som små **kaféer** gömda i gränder eller hemliga taktrādgårdar med fantastisk utsikt över skyline. Varje dag känns som ett äventyr i Plovdiv. Så småningom upptäcker Sofia att hon blir förälskad i staden - precis lika mycket som den verkar **bli förälskad** i henne också.

Sofia hade bott i Plovdiv i några månader nu och hon älskade det **verkligen.** Hon älskade stadens energi, det fanns alltid något nytt att utforska. En dag bestämde sig Sofia för att **vandra** utanför de upptrampade vägarna och se vad mer staden hade att erbjuda. Det slutade med att hon hamnade i en del av staden som hon inte hade varit i tidigare. Det var lite nedgånget och det var inte mycket på gång. Men när Sofia gick runt började hon lägga märke till alla de unika detaljerna på denna plats som gjorde den **speciell**. Graffitikonsten

детайли на това място, които го правеха **специално**. Графитите по стените, начинът, по който хората бяха толкова дружелюбни въпреки обстоятелствата... тя осъзна, че сега това е една от любимите ѝ части на Пловдив. С всеки изминал ден София продължаваше да открива все повече и повече причини, поради които обичаше този град. От скритите му съкровища до оживената му култура, в Пловдив имаше нещо, което чувстваше като у дома си. София живееше в Пловдив от известно време и беше **щастлива** да го нарече свой дом.

Обича всичко в града - неговата енергия, разнообразие, скрити съкровища. Един ден София се разхождаше както обикновено, когато се натъкна на група хора, събрани около нещо. Когато се приближила, разбрала, че всички гледат към един **бездомник,** който лежал на земята. Изглеждаше, че е в лошо състояние и не се движи. Без да се замисля повече, София се втурнала да му помогне. Извикала линейка и останала при него, докато пристигне помощ. Оказало се, че той просто имал нужда от храна и почивка, но **добрината на** София се превърнала в заглавие в целия град. От този момент нататък тя става известна като "пловдивския ангел". Годините минават, а София продължава да живее щастливо в Пловдив с приятелите си до себе си.

på väggarna, hur folk var så vänliga trots sina omständigheter... Hon insåg att detta var en av hennes favoritdelar av Plovdiv nu. Varje dag fortsatte Sofia att hitta fler och fler anledningar till varför hon älskade den här staden. Från dess dolda skatter till dess livliga kultur, det var bara något med Plovdiv som kändes som hemma. Sofia hade bott i Plovdiv ett tag nu, och hon var **glad över att** kalla den sitt hem.

Hon älskade allt med staden - dess energi, dess mångfald, dess dolda skatter. En dag var Sofia ute på upptäcktsfärd som vanligt när hon stötte på en grupp människor som samlades kring något. När hon kom närmare insåg hon att de alla tittade på en **hemlös** man som låg på marken. Han såg ut att vara i dåligt skick och rörde sig inte. Utan att tänka vidare rusade Sofia fram för att hjälpa honom. Hon ringde efter en ambulans och stannade hos honom tills hjälpen kom. Det visade sig att han bara behövde lite mat och vila - men Sofias **vänlighetshandling** fick rubriker över hela staden. Från och med då blev hon känd som "Plovdivs ängel". Åren gick och Sofia fortsatte att leva lyckligt i Plovdiv med sina vänner vid sin sida.

Въпроси за разбиране

1. Какво мисли София за Пловдив, когато пристига за първи път?

2. Какво прави София, когато се натъква на бездомник в нужда?

3. Как се променя град Пловдив през годините?

4. Какво най-много харесва София в града?

5. Защо София решава да се премести в Пловдив?

6. Какво намира София, когато се отклонява от утъпкания път?

7. Какво мислят приятелите на София за преместването ѝ в Пловдив?

8. Какво мисли София за енергията на града?

9. Какво мисли София за скритите съкровища на града?

10. Какво мисли София за разнообразието в града?

Frågor om förståelse

1. Vad tycker Sofia om Plovdiv när hon först anländer?

2. Vad gör Sofia när hon stöter på en hemlös man i nöd?

3. Hur förändras staden Plovdiv under årens lopp?

4. Vad älskar Sofia mest med staden?

5. Varför bestämmer sig Sofia för att flytta till Plovdiv?

6. Vad hittar Sofia när hon vandrar utanför den upptrampade vägen?

7. Vad tycker Sofias vänner om att hon flyttar till Plovdiv?

8. Vad tycker Sofia om stadens energi?

9. Vad tycker Sofia om stadens gömda skatter?

10. Vad tycker Sofia om stadens mångfald?

На плажа

След изгрев слънце вълните са по-силни, а пясъкът над прилива е бял. Слизам на плажа и **се любувам на** морето и слънцето. Пръстите на краката ми усещат вдлъбнатините на раковините. Пясъкът е студен по пръстите ми. Усмихвам се и продължавам да вървя. Приливът е силен, затова трябва да внимавам да не ме завлече. Вървя покрай брега и се любувам на морето. Изгревът е **красив,** а вълните се разбиват. Чувствам се толкова спокойна. Стигам до едно място, където има скална издатина. Сядам и наблюдавам вълните. Водата е толкова синя, а небето е толкова **оранжево**. Чувствам се като в сън. Затварям очи и просто слушам вълните. Седя там дълго време, докато не чувам някой да ме вика по име.

Отварям очи и виждам майка ми да върви към мен. Лицето ѝ е разтревожено. Усмихвам се и ѝ махам, а тя **се успокоява**. "Чудех се къде си отишъл", казва тя. "Радвам се, че се наслаждаваш на плажа." Отговарям: "Да." "Толкова е красиво тук." "Знам", казва тя. "Когато бях на твоите години, постоянно идвах тук." "Наистина?" Питам я. "Да", отговаря тя. "Това е специално място." "Срещала ли си някога някой специален тук?" Питам. "Срещала съм",

På stranden

Efter soluppgången är vågorna högre och sanden ovanför tidvattnet är vit. Jag går ner till stranden och **beundrar** havet och solen. Mina tår känner skalens rännor. Sanden är kall på mina tår. Jag ler och fortsätter att gå. Tidvattnet är högt, så jag måste vara försiktig så att jag inte dras in. Jag går längs vattenkanten och beundrar havet. Soluppgången är **vacker och** vågorna slår mot varandra. Jag känner mig så fridfull. Jag kommer till en plats där det finns en klippavsats. Jag sätter mig ner och tittar på vågorna. Vattnet är så blått och himlen är så **orange**. Det känns som om jag befinner mig i en dröm. Jag blundar och lyssnar bara på vågorna. Jag satt där länge tills jag hörde någon ropa mitt namn.

Jag öppnar ögonen och ser min mamma gå mot mig. Hon har en orolig blick i ansiktet. Jag ler och vinkar och hon **slappnar av**. "Jag undrade vart du tog vägen", säger hon. "Jag är glad att du njuter av stranden." Jag svarar: "Det gör jag." "Det är så vackert här." "Jag vet", säger hon. "Jag brukade komma hit hela tiden när jag var i din ålder." "Verkligen?" Jag frågar. "Ja", svarar hon. "Det är ett speciellt ställe." "Träffade du någonsin någon speciell person här?" Jag frågar. "Det har jag gjort", svarar hon med ett leende. "Din far." "Verkligen?"

отговаря тя с усмивка. "Баща ти." "Наистина?" Казвам **изненадано**. "Да", казва тя. "Идвахме тук през цялото време заедно. Това е мястото, където се влюбихме. " Усмихвам се, като **си представям как** родителите ми се влюбват на този красив плаж. "Това е специално място", повтаря тя. "Радвам се, че дойдохте тук днес."

Седим там още известно време, **наблюдавайки** вълните и залеза. След това ставаме и се връщаме при плажните си кърпи. Аз лягам и гледам звездите. Чувствам се толкова щастлива и доволна. Вълните вече са по-силни, а пясъкът е студен. Слънцето залязва и духа хладен вятър. Вълните се разбиват в брега, а във въздуха се носи мирис на сол. Това е идеалната вечер за плаж. Разхождам се покрай брега, **слушам** шума на вълните и наблюдавам залеза. Виждам група хора, които седят на пясъка, смеят се и се шегуват. Изглеждат така, сякаш се забавляват. Отивам при тях и ги питам дали мога да се присъединя към тях. Те казват "да" и прекарваме остатъка от вечерта в разговори, смях и гледане на **залеза**. Това е една перфектна вечер. Аз и групата разговаряме, докато слънцето не залезе. Споделяме истории и вицове и всички се забавляваме чудесно. С настъпването на нощта всички започваме да се чувстваме уморени. Целуваме се за **довиждане** и се разделяме. Връщам се в хотела си, чувствайки се щастлив и доволен.

Jag säger **förvånad**. “Ja”, säger hon. “Vi brukade komma hit hela tiden tillsammans. Det var här vi blev förälskade. “ Jag ler och **föreställer mig** mina föräldrar som förälskade sig på denna vackra strand. “Det är en speciell plats”, upprepar hon. “Jag är glad att du kom hit i dag.”

Vi sitter där ett tag till och **tittar på** vågorna och solnedgången. Sedan reser vi oss upp och går tillbaka till våra strandhanddukar. Jag lägger mig ner och tittar på stjärnorna. Jag känner mig så lycklig och nöjd. Vågorna är högre nu och sanden är kall. Solen håller på att gå ner och en sval bris blåser. Vågorna slår mot stranden och doften av salt ligger i luften. Det är en perfekt kväll att vara på stranden. Jag går längs stranden, **lyssnar** på vågornas ljud och tittar på solnedgången. Jag ser en grupp människor som sitter i sanden och skrattar och skämtar. De ser ut att ha det jättebra. Jag går fram till dem och frågar om jag får göra dem sällskap. De säger ja och vi tillbringar resten av kvällen med att prata, skratta och titta på **solnedgången**. Det är en perfekt kväll. Gruppen och jag pratar tills solen går ner. Vi delar med oss av historier och skämt och vi har alla väldigt roligt. När kvällen börjar falla börjar vi alla känna oss trötta. Vi kysser varandra **adjö** och går skilda vägar. Jag går tillbaka till mitt hotell och känner mig lycklig och nöjd.

Въпроси за разбиране

1. Къде отива разказвачът, след като се събужда?

2. На какво се възхищава разказвачът, докато се разхожда по плажа?

3. За какво трябва да внимава разказвачът, докато се разхожда по плажа?

4. Къде сяда разказвачът, за да се наслади на гледката?

5. Колко време разказвачът седи там?

6. Кого вижда разказвачът, когато отново отваря очи?

7. Какво казва майката на разказвача?

8. За какво си говорят разказвачът и хората, които среща?

Frågor om förståelse

1. Vart går berättaren efter att hon vaknat?

2. Vad beundrar berättaren när hon går längs stranden?

3. Vad måste berättaren se upp för när hon går längs stranden?

4. Var sätter sig berättaren för att njuta av utsikten?

5. Hur länge sitter berättaren där?

6. Vem ser berättaren när hon öppnar ögonen igen?

7. Vad säger berättarens mamma?

8. Vad pratar berättaren och de människor hon träffar om?

Къмпингуване край езерото

Вървя към езерото и **се любувам на** спокойствието на пейзажа. Слънцето огрява малкото езеро и кара водата да изглежда като стъклен лист. Единственото движение е от време на време, когато някоя риба **се размърда на** повърхността. Дори птиците сякаш си почиват от жегата, а въздухът се изпълва само със звука на цикади. **Изведнъж** спокойствието се нарушава от силен плясък. Голяма **риба** е изскочила от водата, опитвайки се да хване водно конче. Рибата улучава целта си и пада обратно във водата с плясък. "Уау," мисля си, "това беше голяма риба!". Огледах се, за да видя дали някой друг я е видял, но наоколо нямаше никой. Предполагам, че ще трябва да им кажа, когато се върна в лагера.

Горещината е **потискаща** и затруднява дишането. Въздухът е гъст и тежък, като одеяло, увито около вас. Единственото облекчение е във водата. Тя е хладна и освежаваща, като студена напитка в горещ ден. Поемам дълбоко въздух и се гмурвам във водата. Облекчението е незабавно, тъй като хладната вода ме обгръща. Плувам до дъното и после отново се издигам на повърхността, усещайки как водата охлажда тялото ми. Продължавам да

Camping vid sjön

Jag går mot sjön och **beundrar den** fridfulla scenen. Solen slår ner på den lilla sjön och får vattnet att se ut som en glasskiva. Den enda rörelsen är enstaka krusningar från en fisk som **bryter** ytan. Till och med fåglarna verkar ta en paus från värmen, endast ljudet av cikador fyller luften. **Plötsligt** bryts lugnet av ett högt plask. En stor **fisk** har hoppat upp ur vattnet och försöker fånga en trollslända. Fisken missar sitt mål och faller tillbaka i vattnet med ett plask. "Wow", tänker jag för mig själv, "det var en stor fisk!". Jag tittade mig omkring för att se om någon annan hade sett den, men det fanns ingen i närheten. Jag antar att jag får berätta för dem när jag kommer tillbaka till lägret.

Värmen är **tryckande och det är** svårt att andas. Luften är tjock och tung, som en filt som sveps runt dig. Den enda lättnaden finns i vattnet. Det är svalt och uppfriskande, som en kall dryck en varm dag. Jag tar ett djupt andetag och dyker ner i vattnet. Lättnaden är omedelbar när det svala vattnet omger mig. Jag simmar ner till botten och sedan tillbaka upp till ytan och känner hur vattnet kyler min kropp. Jag fortsätter att **simma** varv, och njuter av andningen från värmen. Efter ett tag stiger jag upp ur vattnet och lägger mig på gräset för

плувам в кръг, наслаждавайки се на почивката от жегата. След известно време излизам от водата и лягам на тревата, за да изсуша тялото си на слънце. Затварям очи и се унасям в сън, а звукът на **цикадите** ме приспива дълбоко. Оставям слънцето да изпече водата от кожата ми. Усещам как кожата ми се зачервява, но не ми пука. Прекалено ми е горещо, за да ми пука.Следващото нещо, което си спомням, е, че слънцето залязва. Небето е красиво оранжево, с розови и лилави ивици. Горещината изчезна, заменена от хладен **бриз**.

Ставам и се обличам, чувствам се освежена и подмладена. **Вдишвам** дълбоко хладния въздух и се усмихвам. Чувствам се добре, че съм жива. Връщам се към лагера, като се любувам на танца на цветовете в небето. В далечината виждам горящия лагерен огън и усещам дима във въздуха. Усмихвам се и **ускорявам** крачка. Готов съм да се отпусна и да се насладя на остатъка от вечерта. Влизам в лагера и виждам, че всички са се събрали около огъня. **Смеят се** и се шегуват, а аз виждам как огънят се отразява в очите им. Усмихвам се и сядам до приятелите си. Хубаво е да се върна. На следващата сутрин се събуждам рано и започвам да събирам нещата си. Нямам търпение да се върна на пътеката и да продължа пътуването си. Сбогувам се с приятелите си и започвам да си тръгвам. Докато вървя, поглеждам за последен път към **лагера**.

att låta solen torka min kropp. Jag sluter ögonen och somnar, ljudet av **cikadorna** vaggar mig in i en djup sömn. Jag låter solen bränna vattnet ur min hud. Jag känner hur min hud blir röd, men jag bryr mig inte. Jag är för varm för att bry mig. nästa sak jag vet är att solen går ner. Himlen är vackert orange med strimmor av rosa och lila. Hettan är borta och ersätts av en sval **bris**.

Jag reser mig upp och tar på mig kläderna igen, känner mig fräsch och föryngrad. Jag tar ett djupt **andetag** av den svala luften och ler. Det känns bra att vara vid liv. Jag går tillbaka till lägerplatsen och beundrar hur färgerna dansar på himlen. Jag ser lägerelden brinna i fjärran och känner lukten av rök i luften. Jag ler och **ökar** tempot. Jag är redo att slappna av och njuta av resten av kvällen. Jag går in på lägerplatsen och ser att alla är samlade runt elden. De **skrattar** och skämtar, och jag kan se elden spegla sig i deras ögon. Jag ler och sätter mig bredvid mina vänner. Det är skönt att vara tillbaka. Nästa morgon vaknar jag tidigt och börjar packa mina saker. Jag är ivrig att komma tillbaka på leden och fortsätta min resa. Jag tar farväl av mina vänner och börjar gå iväg. När jag går tar jag en sista titt på **lägerplatsen**.

Въпроси за разбиране

1. Къде отива пешеходецът?

2. Какво е времето?

3. Как изглежда водата?

4. Как пешеходецът реагира на топлината?

5. Какво прави рибата?

6. Защо пешеходецът е сам?

7. Какво е усещането за водата?

8. Как се чувства пешеходецът след плуване?

9. По кое време на денонощието се събужда пешеходецът?

10. Къде отива пешеходецът, когато напуска лагера?

Frågor om förståelse

1. Vart är gående på väg?

2. Vilket väder är det?

3. Hur ser vattnet ut?

4. Hur reagerar gående på värmen?

5. Vad gör fisken?

6. Varför är vandraren ensam?

7. Hur känns vattnet?

8. Hur känner sig gångaren efter simningen?

9. Vilken tid på dygnet är det när den rullatorn vaknar?

10. Vart tar vandraren vägen när han lämnar lägret?

Къщата

Миналата седмица се преместих в новата си къща и съм толкова **развълнувана**! Тя е много по-голяма от старата ми и има голям двор. Нямам търпение да поканя приятели на барбекю и партита. **Любимата** ми част е новата ми спалня. Тя е толкова голяма и светла и имам много място, където да сложа всичките си вещи. Много съм доволна от новата си къща и мисля, че ще бъда много щастлива тук. Реших да разгледам къщата още малко. Качих се на втория етаж и започнах да си проправям път към кухнята, когато видях голям черен паяк на стената! Изкрещях и побягнах надолу. Бях толкова **уплашена**! Но след няколко минути се успокоих и реших да се върна на горния етаж. Бавно стигнах до кухнята и видях, че паякът го няма. Бях толкова облекчена! Върнах се долу и реших да изляза навън, за да разгледам **задния двор**. Беше толкова голям! Не можех да повярвам. Видях люлка в ъгъла и пързалка. Видях и баскетболна мрежа и **батут**. Бях толкова развълнувана!

Нямам търпение да използвам всички тези нови неща. **Съседите** дойдоха и се представиха. Изглеждаха много мили и си поговорихме известно време. Поканиха ме на барбекюто си следващия

Huset

Jag flyttade in i mitt nya hus förra veckan, och jag är så **glad**! Det är så mycket större än mitt gamla och har en stor bakgård. Jag kan inte vänta på att få bjuda in vänner till grillkvällar och fester. Min favoritdel är mitt nya sovrum. Det är så stort och ljust, och jag har massor av utrymme att ställa alla mina saker. Jag är verkligen nöjd med mitt nya hus och jag tror att jag kommer att bli väldigt lycklig här. Jag bestämde mig för att utforska huset lite mer. Jag gick upp till andra våningen och började ta mig till köket när jag såg en stor svart spindel på väggen! Jag skrek och sprang ner för trappan. Jag var så **rädd**! Men efter några minuter lugnade jag mig och bestämde mig för att gå upp igen. Jag tog mig sakta fram till köket och såg att spindeln var borta. Jag var så lättad! Jag gick ner igen och bestämde mig för att gå ut och utforska **bakgården**. Den var så stor! Jag kunde inte tro det. Jag såg en gungställning i hörnet och en rutschkana. Jag såg också ett basketnät och en **studsmatta**. Jag var så uppspelt!

Jag kan inte vänta på att få använda alla dessa nya saker. **Grannarna** kom över och presenterade sig. De verkade riktigt trevliga och vi pratade en stund. De bjöd in mig till deras grillfest nästa helg, och jag sa att jag gärna vill komma. Jag har haft en fantastisk

уикенд и аз казах, че с удоволствие ще дойда. Първата седмица в новата ми къща беше страхотна и се вълнувам от всички нови приключения, които ми предстоят. Днес ще отида отново да изследвам задния двор и ще видя какво още мога да намеря. Кой знае, може би дори ще намеря някакво **съкровище**. Нямам търпение да видя какво ще ми донесе следващата седмица! На следващата седмица отново отидох да изследвам в задния двор и открих **тайна** градина. Тя беше толкова красива! Навсякъде имаше цветя и малко езерце с рибки. Видях и една люлка, която не бях виждала преди. Бях толкова развълнувана да открия тази тайна градина и нямам търпение да я изследвам повече. Беше толкова **красива**!

Навсякъде имаше цветя и малко езерце с рибки. Видях и една люлка, която не бях виждал преди. Бях толкова развълнувана да открия тази тайна градина и нямам търпение да я изследвам повече. Новата ми стая също ми хареса. Тя беше толкова голяма и светла, а по стените вече имаше плакати на любимите ми групи. Дори не ми се наложи да си нося собствени **мебели,** защото тук вече имаше легло, скрин и бюро. Това ще бъде най-хубавата година! Бях малко притеснена, че започвам в ново **училище,** но всичките ми нови съседи са толкова дружелюбни.

första vecka i mitt nya hus, och jag är förväntansfull inför alla nya äventyr som väntar. I dag ska jag gå på upptäcktsfärd i trädgården igen och se vad mer jag kan hitta. Vem vet, kanske hittar jag till och med en **skatt**. Jag kan inte vänta på att se vad nästa vecka kommer att föra med sig! Nästa vecka gick jag på upptäcktsfärd i trädgården igen och hittade en **hemlig** trädgård. Den var så vacker! Det fanns blommor överallt och en liten damm med fiskar i. Jag såg också en gungställning som jag inte hade sett förut. Jag blev så glad över att hitta den här hemliga trädgården och jag kan inte vänta på att utforska den mer. Den var så **vacker**!

Det fanns blommor överallt och en liten damm med fiskar i. Jag såg också en gungställning som jag inte hade sett förut. Jag var så glad över att hitta den här hemliga trädgården och jag kan inte vänta på att utforska den mer. Jag älskade också mitt nya rum. Det var så stort och ljust, och det fanns redan affischer med mina favoritband på väggarna. Jag behövde inte ens ta med mig några egna **möbler** eftersom det redan fanns en säng, en byrå och ett skrivbord här. Det här kommer att bli det bästa året någonsin! Jag var lite nervös över att börja på en ny **skola,** men alla mina nya grannar har varit så vänliga.

Въпроси за разбиране

1. Къде живее лицето?

2. Как му харесва в новата къща?

3. Коя е любимата част на човека в новата къща?

4. Какво е намерил човекът в градината?

5. Кои са съседите?

6. Как се е чувствал човекът през първите дни в новата къща?

7. Коя е любимата част на човека в новата стая?

8. Какво планира да прави човекът утре?

9. Коя е най-хубавата част от първата седмица на човека в новата къща?

10. Какво има в новата стая на човека?

Frågor om förståelse

1. Var bor personen?

2. Hur trivs personen i det nya huset?

3. Vad är personens favoritdel i det nya huset?

4. Vad hittade personen i trädgården?

5. Vilka är grannarna?

6. Hur kändes de första dagarna i det nya huset?

7. Vad är personens favoritdel i det nya rummet?

8. Vad planerar personen att göra i morgon?

9. Vad var det bästa med personens första vecka i det nya huset?

10. Vad finns i personens nya rum?

Във влака

Тръгнах към гарата, но закъснях. Влакът вече беше тръгнал без мен. Чувствах се толкова **ядосана** и **разочарована от** себе си. Бях планирала да отида с влака на гости на баба ми и дядо ми, които живеят в провинцията, но сега трябваше да чакам цял час за следващия влак. Вместо това реших да се поразходя малко из града и се опитах да забравя за пропуснатата възможност. Докато се разхождах, започнах да **си мечтая** за всички места, на които могат да те отведат **влаковете.** Изведнъж вече не бях толкова разстроен. Върнах се на гарата и не можах да не забележа големия червено-бяло-син локомотив, който си проправяше път към мен. Едва когато виждам **кондуктора да** ми маха от прозореца, разбирам, че този влак е за мен. Качвам се на влака и си намирам място, като се настанявам за това, което обещава да бъде дълго пътуване.

Докато излизаме от гарата, не мога да не се запитам къде ще ме отведе този влак. През зелени **поля** и сини реки, покрай планини и долини, не се знае къде ще отиде този стар влак. Когато нощта започва да се спуска, аз заспивам **спокоен** сън, приспиван от **ритмичното** движение на вагоните по релсите долу. Когато утрото отново настъпва, отварям очи

På tåget

Jag sprang till tågstationen, men det var för sent. Tåget hade redan gått utan mig. Jag kände mig så **arg** och **besviken** på mig själv. Jag hade planerat att ta tåget för att besöka mina morföräldrar som bor på landet, men nu skulle jag behöva vänta en hel timme på nästa tåg. Jag bestämde mig för att gå runt i staden en stund i stället och försökte glömma min missade möjlighet. Medan jag gick började jag **dagdrömma** om alla de platser som **tågen** kan ta en till. Plötsligt var jag inte längre så upprörd. Jag går tillbaka in på stationen och kan inte låta bli att lägga märke till det stora röda, vita och blå lokomotivet som tuffar fram mot mig. Det är inte förrän jag ser **konduktören** vinka till mig från fönstret som jag förstår att det här tåget är till mig. Jag går ombord på tåget och hittar min plats och sätter mig ner för vad som lovar att bli en lång resa.

När vi lämnar stationen kan jag inte låta bli att undra vart tåget kommer att ta mig. Genom gröna **fält** och över blå floder, förbi berg och dalar, det går inte att säga vart det här gamla tåget kommer att ta vägen. När mörkret börjar falla glider jag in i en **fridfull** sömn, vaggad av den **rytmiska** rörelsen av vagnarna på spåren nedanför. När morgonen kommer igen öppnar jag ögonen och upptäcker att vi har anlänt till en liten

и откривам, че сме пристигнали в малко градче някъде в средата на нищото. Слънцето току-що е надникнало над хоризонта, когато местните жители започват да се разхождат по главната улица; тук денят изглежда като всеки друг, с изключение на едно нещо - в близост до кметството има голям надпис "Добре дошли на борда!" Изглежда, че това градче ни е очаквало, въпреки че сме просто обикновен **пътнически** влак, който минава по пътя си на друго място. Когато отново оставяме градчето зад гърба си и се отправяме кой знае накъде, се усмихвам на всички приятелски настроени лица, които махат за довиждане от малките къщички, сгушени сред **земеделските земи -** наистина е невероятно как нещо толкова обикновено може да донесе толкова много радост само с преминаването си. И тогава, разбира се, има **деца**.

Навеждам се през прозореца на локомотива си. Те винаги ме карат да се чувствам толкова щастлив с блестящите си очи и широките си усмивки. Махнах им енергично в отговор, преди да се върна в **кабината** си и да седна. Денят вече беше дълъг, но все още не е приключил; има още няколко часа, докато достигнем **крайната** си **дестинация**. Изваждам книгата си и започвам да чета, оставяйки се ритмичното люлеене на влака да ме приспи в спокойно състояние.

stad någonstans mitt ute i ingenstans. Solen tittar precis över horisonten när lokalbefolkningen börjar mingla runt på Main Street; det ser ut som vilken dag som helst här förutom en sak - det finns en stor skylt uppsatt nära stadshuset där det står “Välkommen ombord!”. Det verkar som om den här lilla staden har väntat på oss, trots att vi bara är ett vanligt passagerartåg som passerar på väg någon annanstans. När vi återigen lämnar staden bakom oss och tuffar vidare mot vem vet vart vi ska, ler jag åt alla vänliga ansikten som vinkar adjö från de små husen som ligger inbäddade bland **jordbruksmarken - det** är verkligen fantastiskt hur något så till synes ordinärt kan ge så mycket glädje bara genom att passera. Och sedan finns det naturligtvis **barnen**.

Jag lutar mig ut genom fönstret på mitt lokomotiv. De får mig alltid att känna mig så lycklig med sina lysande ögon och stora leenden. Jag vinkade energiskt tillbaka till dem innan jag återvände till min **hytt** och satte mig ner. Det har redan varit en lång dag, men den är inte över än; det är fortfarande några timmar kvar tills vi når vår **slutdestination**. Jag tar fram min bok och börjar läsa och låter tågets rytmiska gungning vagga mig in i ett lugnt tillstånd.

Въпроси за разбиране

1. Къде отива влакът?

2. Кой пътува във влака?

3. Кога тръгва влакът?

4. Как главният герой се качва на влака?

5. Откъде идва влакът?

6. Къде ще пътува влакът?

7. Кога са пристигнали пътниците?

8. Как се чувства главният герой, когато изпуска влака?

9. Как реагира машинистът на влака, когато вижда главния герой?

10. Защо главният герой харесва влаковете?

Frågor om förståelse

1. Vart är tåget på väg?

2. Vem reser med tåget?

3. När avgår tåget?

4. Hur kommer huvudpersonen ombord på tåget?

5. Varifrån kommer tåget?

6. Vart ska tåget åka nästa gång?

7. När anlände passagerarna?

8. Hur känner sig huvudpersonen när han missar tåget?

9. Hur reagerar lokföraren när han ser huvudpersonen?

10. Varför gillar huvudpersonen tåg?

Готвене на вечеря

Вече е 17:00 ч. и се прибирам от работа. Очаквам с **нетърпение да прекарам една** спокойна вечер у дома с партньора си. Ще приготвим вечеря заедно и след това просто ще се отпуснем до края на нощта. Чувствам се добре да знам, че нямам никакви планове или задължения тази **вечер**. Пристигам вкъщи, а партньорът ми вече е в кухнята и започва да приготвя вечерята ни. Тук ухае **невероятно!** Разговаряме, докато готвим, наваксваме за дните си и споделяме малки истории от професионалния си живот. Кухнята е любимата ми стая в нашия апартамент. Обичам да готвя и особено обичам да готвя с партньора си. Винаги си прекарваме толкова добре тук, смеем се и се шегуваме, докато готвим като буря. Освен това храната винаги е **невероятна,** когато работим **заедно**.

Тази вечер приготвяме една от най-любимите ми рецепти: **пиле по** пармезан. Партньорът ми започва с панирането на пилето, докато аз приготвям соса на **котлона**. Работим заедно като добре смазана машина и не след дълго вечерята е готова за сервиране. Сядаме на малката ни кухненска маса с **чинии,** отрупани с пилешки пармезан, паста и салата. Щракваме чаши и отхапваме първата

Matlagning av middag

Klockan är 17.00 och jag går hem från jobbet. Jag ser **fram emot en** lugn kväll hemma med min partner. Vi ska laga middag tillsammans och sedan bara slappna av resten av kvällen. Det känns skönt att veta att jag inte har några planer eller skyldigheter den här **kvällen**. Jag kommer hem och min partner står redan i köket och börjar förbereda vår middag. Det luktar **fantastiskt** här inne! Vi pratar medan vi lagar mat, tar del av varandras dagar och delar med oss av små historier från våra arbetsliv. Köket är mitt favoritrum i vår lägenhet. Jag älskar att laga mat, och jag älskar särskilt att laga mat tillsammans med min partner. Vi har alltid så roligt här inne, skrattar och skämtar medan vi lagar en storm. Dessutom blir maten alltid **otrolig** när vi arbetar **tillsammans**.

Ikväll ska vi laga ett av mina absoluta favoritrecept: **kyckling** parmesan. Min partner börjar med att panera kycklingen medan jag får såsen att sjuda på **spisen**. Vi arbetar tillsammans som en väloljad maskin och snart är middagen klar att serveras. Vi sätter oss vid vårt lilla köksbord med **tallrikar** fulla med kyckling parmesan, pasta och sallad. Vi klinkar i glasen och tar vår första tugga - och den är **himmelsk**! Kycklingen är krispig på utsidan men saftig på insidan, såsen är smakrik

хапка - и тя е **божествена**! Пилето е хрупкаво отвън, но сочно отвътре; сосът е ароматен и перфектен; пастата е приготвена ал денте... всичко има абсолютно съвършен вкус тази вечер. И двамата знаем, че това е една от онези вечери, в които всичко се е събрало перфектно, докато **се наслаждаваме на** всяка хапка от вкусното ястие. Вкусът беше дори по-добър, отколкото миришеше - а той беше адски добър! Приключваме с храната сравнително бързо, тъй като никой от нас не е особено гладен днес, но не бързаме да се наслаждаваме на още няколко **чаши** вино, докато разговаряме леко на тази и онази тема. След вечерята се прибираме бързо заедно и се преместваме във всекидневната, където прекарваме известно време, **гушкайки се на** дивана, докато гледаме телевизия.

Чувствам се толкова приятно, когато сме близо един до друг след дълъг **работен** ден. Чувствам се доволна. Въпреки че нямахме наситена вечер, беше хубаво просто да прекараме известно време заедно, без да се налага да излизаме от къщи. Гледахме филм и си легнахме рано, като се чувствахме **удовлетворени от** обикновената ни вечер. Това се превърна в едно от **любимите** ни неща, които правим вечер, когато не искаме да излизаме - просто се отпускаме у дома и се наслаждаваме на компанията си на домашно приготвена храна.

och perfekt, pastan är kokt al dente... allt smakar helt perfekt i kväll. Vi vet båda att det här var en av de kvällar där allting bara kom samman perfekt när vi **njuter av** varenda tugga av vår utsökta måltid. Den smakade ännu bättre än den luktade - vilket var jäkligt bra! Vi äter upp vår måltid relativt snabbt eftersom ingen av oss är särskilt hungrig idag, men vi tar oss tid att njuta av ytterligare några **glas** vin medan vi pratar lättsamt om det ena eller andra ämnet. Efter middagen städar vi snabbt tillsammans och flyttar sedan in i vardagsrummet där vi tillbringar lite tid med att **mysa** i soffan medan vi tittar på TV.

Det känns så skönt att bara vara nära varandra efter en lång **arbetsdag**. Jag känner mig nöjd. Även om vi inte hade någon händelserik kväll var det trevligt att bara tillbringa lite tid tillsammans utan att behöva lämna huset. Vi tittade på en film och gick tidigt till sängs och kände oss **nöjda** med vår enkla kväll. Detta har blivit en av våra favoritsaker att göra på kvällar när vi inte vill gå ut - bara koppla av hemma och njuta av varandras sällskap över en hemlagad måltid.

Въпроси за разбиране

1. Откъде идва разказвачът?

2. Какво прави разказвачът след работа?

3. Какво яде разказвачът за вечеря?

4. Защо разказвачът харесва кухнята?

5. Какво ястие приготвя двойката?

6. Как се чувства разказвачът в края на вечерта?

7. Кое е любимото занимание на двойката?

8. Какво прави двойката, когато се умори?

9. Къде спят?

10. Защо разказвачът обича да си стои вкъщи?

Frågor om förståelse

1. Varifrån kommer berättaren?

2. Vad gör berättaren efter jobbet?

3. Vad äter berättaren till middag?

4. Varför gillar berättaren köket?

5. Vilken typ av maträtt lagar paret?

6. Hur känner sig berättaren i slutet av kvällen?

7. Vad är parets favoritsak att göra?

8. Vad gör paret när de blir trötta?

9. Var sover de?

10. Varför vill berättaren stanna hemma?

Разходка до дома

Беше **спокойна** нощ, когато се прибирах от работа. Докато вървях, не можех да не се усмихна на спомените си. Чувствах се добре да се върна в стария си квартал. Махнах на няколко познати и те ми махнаха в отговор. Беше хубаво да съм си у дома. Минах покрай старото си училище и **си спомних** всички хубави моменти, които изживях с приятелите си. Винаги се прибирахме заедно и разказвахме за деня си. **Понякога** спирахме да си купим сладолед или отивахме в парка. Това бяха най-хубавите моменти. Липсват ми тези времена. Но сега имам собствено семейство и съм щастлива от живота си. Радвам се, че мога да погледна назад към тези спомени и да се усмихна. Те са част от живота ми, която винаги ще ценя. Това бяха най-хубавите времена. Липсват ми тези времена. Но сега имам собствено семейство и съм щастлив от живота си. Радвам се, че мога да погледна назад към тези **спомени** и да се усмихна. Те са част от живота ми, която винаги ще ценя.

Продължавам да вървя, мислейки си за хубавите моменти, които изживях с приятелите си. Знам, че скоро ще ги видя отново. Тръгвам към дома си и решавам да се разходя из близкия парк. Слънцето

Att gå hem

Det var en **lugn** natt när jag gick hem från jobbet. När jag gick kunde jag inte låta bli att le åt minnena. Det kändes bra att vara tillbaka i mitt gamla kvarter. Jag vinkade till några personer som jag kände och de vinkade tillbaka. Det var skönt att vara hemma. Jag gick förbi min gamla skola och **mindes** alla goda stunder som jag hade haft med mina vänner. Vi brukade alltid gå hem tillsammans och prata om vår dag. **Ibland** stannade vi och köpte glass eller gick till parken. Det var de bästa tiderna. Jag saknar dessa tider. Men nu har jag min egen familj och är nöjd med mitt liv. Jag är glad att jag kan se tillbaka på dessa minnen och le. De är en del av mitt liv som jag alltid kommer att uppskatta. Det var den bästa tiden. Jag saknar den tiden. Men nu har jag min egen familj och är lycklig med mitt liv. Jag är glad att jag kan se tillbaka på dessa **minnen** och le. De är en del av mitt liv som jag alltid kommer att uppskatta.

Jag fortsätter att gå och tänker på de fina stunderna med mina vänner. Jag vet att jag snart kommer att träffa dem igen. Jag går mot mitt hem och bestämmer mig för att gå genom en park i närheten. Solen håller på att gå ner och himlen får en **vacker** orange färg. Parken är tom, förutom några fåglar som kvittrar i träden. Jag tar ett djupt **andetag och** ler. När jag går genom parken

залязва и небето придобива **красив** оранжев цвят. Паркът е пуст, с изключение на няколко птички, които чуруликат по дърветата. Поемам си дълбоко **въздух** и се усмихвам. Докато се разхождам из парка, виждам падаща звезда, която се разстила по небето. Пожелавам си нещо за тази звезда и продължавам да вървя. Мисля си за работния си ден и за това колко **спокоен** беше той. Усмихвам се на себе си, мислейки си колко съм щастлива, че имам такава страхотна работа. Вървя към вкъщи, **усещайки** хладния нощен въздух по кожата си. Чувствам се толкова жива и щастлива, наслаждавайки се на простото ходене до вкъщи в една спокойна нощ. Чувствах се толкова добре, че започнах да **си подсвирквам**. Минах покрай няколко души на улицата, но всички се занимаваха със собствените си работи.

Завих зад ъгъла на моята улица и видях котарака на съседите ми, господин Уискърс, да седи на верандата ми. Поздравих го, а той мяукаше в отговор. **Отключих** вратата и влязох вътре. Бях толкова щастлива, че съм си у дома. Събух си обувките и се приготвих за лягане. Тази нощ си легнах с чувство на щастие и благодарност, а сърцето ми беше пълно с любов. Спах спокойно през цялата нощ, без да се притеснявам за нищо. Събудих се от спокоен сън и бях **посрещнат от** слънцето, което грееше през прозореца ми.

ser jag ett stjärnskott röra sig över himlen. Jag önskar mig något på den stjärnan och fortsätter att gå. Jag tänker på min dag på jobbet och hur **fridfull** den var. Jag ler för mig själv och tänker på hur lycklig jag är som har ett så bra jobb. Jag går hem och **känner den** svala nattluften på min hud. Jag känner mig så levande och lycklig, när jag bara njuter av den enkla handlingen att gå hem en lugn natt. Jag kände mig så bra att jag började **vissla**. Jag gick förbi några människor på gatan, men alla skötte sig själva.

Jag svängde runt hörnet på min gata och såg grannens katt, Mr Whiskers, sitta på min veranda. Jag sa hej till honom och han mejade tillbaka. Jag **låste upp** min dörr och gick in. Jag var så glad över att vara hemma. Jag tog av mig skorna och gjorde mig redo för sängen. Jag gick till sängs den kvällen och kände mig glad och tacksam, mitt hjärta fullt av kärlek. Jag sov gott hela natten och oroade mig inte för någonting. Jag vaknade upp från en vilsam sömn och **möttes** av solen som sken in genom mitt fönster.

Въпроси за разбиране

1. Какво е правил главният герой, когато историята е започнала?

2. За какво си мисли героят, когато се прибира вкъщи?

3. Какво е правил главният герой с приятелите си след училище?

4. Какво липсва на героя от онези времена?

5. Какво мисли главният герой за настоящия си живот?

6. Какво прави главният герой, когато вижда падаща звезда?

7. Как се чувства главният герой, когато се прибира вкъщи?

8. Какво прави главният герой, когато се прибира у дома?

9. Как се чувства главният герой, когато се събужда на следващата сутрин?

10. Какво прави главният герой на следващия ден?

Frågor om förståelse

1. Vad gjorde huvudpersonen när berättelsen började?

2. Vad tänkte huvudpersonen på när han gick hem?

3. Vad brukade huvudpersonen göra med sina vänner efter skolan?

4. Vad saknar huvudpersonen från den tiden?

5. Vad tycker huvudpersonen om sitt nuvarande liv?

6. Vad gör huvudpersonen när de ser ett stjärnfall?

7. Hur känner sig huvudpersonen när de går hem?

8. Vad gör huvudpersonen när de kommer hem?

9. Hur känner sig huvudpersonen när han vaknar nästa morgon?

10. Vad gör huvudpersonen nästa dag?

Замъкът

Семейството винаги е искало да посети старинен замък в **Германия** и най-накрая предприема това пътуване. Те не бяха **разочаровани**. Замъкът беше красив и те с удоволствие разгледаха многобройните му стаи и коридори. Първото нещо, което ги порази, беше миризмата. Откриха **мухъл**, влага и още нещо, което не можаха да открият. Второто нещо беше звукът. Каменните стени са дебели, но не заглушават звука напълно. Чуваха всяка крачка, всяка дума, изречена с нормален глас, и от време на време капката вода **някъде в** далечината. Когато очите им се приспособиха към слабата светлина, видяха масивните каменни стени, които се извисяваха около тях, а гоблените висяха от тях на **разкъсани** парчета. Стояха в огромна зала с висок таван, поддържан от издълбани колони. Хареса им и гледката от кулите, а децата се забавляваха, тичайки из терена. **Слънцето** беше започнало да залязва, когато приключиха с разглеждането на замъка, и те съжалиха, че не са взели **фенерче**. Решиха да се върнат до входа, но скоро се изгубиха. Лутаха се наоколо с часове, докато накрая се натъкнаха на врата, която водеше навън. Продължиха, докато **стигнаха до** края на коридора и се озоваха пред внушителна двойна

Slottet

Familjen hade alltid velat besöka ett gammalt slott i **Tyskland,** och till slut gjorde de resan. De blev inte **besvikna**. Slottet var vackert och de njöt av att utforska dess många rum och korridorer. Det första som slog dem var lukten. De hittade **mögel**, fukt och något annat som de inte riktigt kunde sätta fingret på. Det andra var ljudet. Stenväggar är tjocka, men de dämpar inte ljudet helt och hållet. De hörde varje fotsteg, varje ord som sades med normal röst och ibland droppade vatten **någonstans** i fjärran. När deras ögon anpassade sig till det svaga ljuset såg de massiva stenväggar som tornade upp sig runt omkring dem och från dem hängde gobelänger i **trasiga** fragment. De stod i en enorm sal med högt tak som stöddes av snidade pelare. De älskade också utsikten från tornen, och barnen hade en fantastisk tid att springa runt på området. **Solen** hade börjat gå ner när de var klara med att utforska slottet, och de ångrade att de inte hade tagit med sig en **ficklampa**. De bestämde sig för att ta sig tillbaka till ingången, men fann sig snart vilse. De vandrade runt i vad som kändes som timmar, tills de slutligen kom till en dörr som ledde ut. De fortsatte tills de **nådde** slutet av hallen och kom till en imponerande uppsättning dubbeldörrar. De försökte hur mycket de än gjorde, men dörrarna rörde sig inte. De skramlade **betänkligt**

врата. Колкото и да се опитват, вратите не се отварят. Те дрънчат **зловещо,** но не помръдват и на сантиметър. Изглеждаше така, сякаш който и да е бил тук преди, трябва да е минал оттук и да ги е заключил отвътре. В крайна сметка намират изход. Обхвана ги облекчение, когато излязоха на хладния нощен въздух.

Слънцето беше започнало да залязва и те **съжалиха,** че не са взели фенерче. Решиха да се върнат до входа, но скоро се изгубиха. В продължение на часове се лутаха, докато най-накрая се натъкнаха на врата, която водеше **навън**. Излязоха с облекчение навън, нахлувайки в хладния нощен въздух. На следващата вечер те се увериха, че са взели фенерче със себе си, докато изследват останалата част от замъка. Минаха през **двора** и се спуснаха към реката, която течеше зад стените на **замъка.** Докато обикаляха, започнаха да чуват странни звуци. Сякаш някой ги следеше. Те ускориха крачка, но шумовете ставаха все по-силни и по-близки. Семейството побягнало обратно към замъка, колкото можело по-бързо, и с облекчение видяло, че фигурата в **тъмното** наметало не ги е последвала.

men rörde sig inte en tum. Det såg ut som om den som varit här tidigare måste ha gått igenom här och låst dem inifrån. Så småningom hittar de en väg ut. Lättnad sköljde över dem när de klev ut i den svala nattluften.

Solen hade börjat gå ner och de **ångrade** att de inte hade tagit med sig en ficklampa. De bestämde sig för att ta sig tillbaka till ingången, men fann sig snart vilse. De vandrade runt i vad som kändes som timmar, tills de slutligen kom till en dörr som ledde **ut**. Lättnad sköljde över dem när de klev ut i den svala nattluften. Nästa kväll såg de till att ta med sig en ficklampa när de utforskade resten av slottet. De gick genom **gården** och ner till floden som rann bakom **slottets** murar. Medan de gick runt började de höra konstiga ljud. Det lät som om någon följde efter dem. De ökade tempot, men ljuden blev högre och närmare. Familjen sprang tillbaka till slottet så fort de kunde, och de var lättade över att se att figuren i den **mörka** kappan inte hade följt efter dem.

Въпроси за разбиране

1. Какво направи семейството, когато се изгуби в замъка?

2. Как се е почувствало семейството, когато е разбрало, че това е просто местен човек?

3. Какво е направил човекът, заради което е бил арестуван?

4. Каква е присъдата за този човек?

5. Какъв шум е чуло семейството, докато се е разхождало?

6. Къде е била фигурата в тъмното наметало, когато семейството я е видяло?

7. Какво направи семейството, когато се прибра в стаята си?

8. Кога семейството отново отиде да разгледа замъка?

9. Кое е онова нещо, което семейството не може да открие?

10. Какво направи семейството, преди да тръгне отново да разглежда замъка?

Frågor om förståelse

1. Vad gjorde familjen när de gick vilse i slottet?

2. Hur kände sig familjen när de fick reda på att det bara var en lokal man?

3. Vad gjorde mannen som gjorde att han blev arresterad?

4. Vilken var domen för mannen?

5. Vilket ljud hörde familjen när de gick?

6. Var befann sig figuren i den mörka kappan när familjen såg honom?

7. Vad gjorde familjen när de kom tillbaka till sitt rum?

8. När gick familjen på upptäcktsfärd i slottet igen?

9. Vad var det som familjen inte kunde sätta fingret på?

10. Vad gjorde familjen innan de gick på upptäcktsfärd i slottet igen?

Моята градина

Градината ми е моето щастливо място. Излизам там всеки ден, независимо дали вали или грее, и прекарвам време в грижи за растенията си. Имам по малко от **всичко - зеленчуци,** плодове, цветя, билки. Имам дори няколко пилета, които ми помагат да държа настрана вредителите. Започвам дните си в градината, като събирам яйца от кокошките. След това проверявам зеленчуците си, за да се уверя, че получават достатъчно вода и слънце. Почиствам лехите от плевели и отстранявам всички буболечки, които могат да **нападнат** растенията. След като се погрижа за **всичко,** сядам и се наслаждавам на тишината и спокойствието на природата.

Винаги съм обичала да прекарвам време в градината си. Има нещо в това да си заобиколен от природата и цялата **красота, която** тя предлага. Намирам я за много спокойно и успокояващо място. Често прекарвам времето си в градината, като просто си почивам и се наслаждавам на пейзажа. Също така обичам да работя в градината си и да отглеждам различни неща. Имам доста голяма градина и обичам да отглеждам **различни** неща в нея. Отглеждам цветя, **зеленчуци** и билки. Имам и няколко плодни дървчета, които раждат

Min trädgård

Min trädgård är min lyckliga plats. Jag går ut dit varje dag, regn eller solsken, och ägnar tid åt att sköta mina växter. Jag har lite av **allt - grönsaker**, frukt, blommor och örter. Jag har till och med några höns som hjälper till att hålla skadedjuren borta. Jag börjar mina dagar i trädgården med att hämta ägg från hönorna. Sedan kollar jag mina grönsaker och ser till att de får tillräckligt med vatten och sol. Jag ogräsrensar rabatterna och plockar bort eventuella insekter som **angriper** växterna. När **allt är klart** sitter jag tillbaka och njuter av naturens lugn och ro.

Jag har alltid älskat att tillbringa tid i min trädgård. Det är något med att vara omgiven av naturen och all den **skönhet som** den har att erbjuda. Jag tycker att det är en mycket fridfull och lugnande plats. Jag tillbringar ofta tid i min trädgård med att bara koppla av och njuta av landskapet. Jag tycker också om att arbeta i min trädgård och odla saker. Jag har en ganska stor trädgård och jag tycker om att odla en mängd **olika** saker i den. Jag odlar blommor, **grönsaker** och örter. Jag har också några fruktträd som producerar läckra äpplen, päron och plommon. Förutom att odla saker tycker jag också om att bara gå runt i min trädgård och **beundra** alla olika växter och djur som bor där. Jag har

вкусни ябълки, круши и сливи. Освен че отглеждам различни неща, обичам да прекарвам времето си в разходки из градината и да **се любувам на** различните растения и животни, които я обитават. През годините съм прекарал много часове в работа по превръщането на **градината** ми в място, което е не само красиво, но и функционално. Обичам да наблюдавам птиците и да слушам тяхното пеене. Понякога дори изваждам книга и чета в градината, докато съм заобиколена от цялата красота, която съм създала. **Градинарството** е моята страст и ми носи толкова много радост. Всеки ден в моята градина е хубав ден.

Едно от нещата, които обичам да правя, е да готвя, така че за мен е много **важно да** имам добре поддържана градина с билки. Мащерката, босилекът, риганът, розмаринът, градинският чай и лавандулата са само някои от билките, които обичам да отглеждам в градината си, за да мога да ги използвам, когато приготвям ястия за себе си или за **гости**. Друго нещо, което е важно за мен, когато става въпрос за моята градина, е да се уверя, че в нея има много цветове. За да постигна тази цел, отглеждам голямо разнообразие от цветя, включително **рози**, лилии, маргаритки, лалета, импатиенс, невен и др.

tillbringat många timmar under årens lopp med att göra min **trädgård** till en plats som inte bara är vacker utan också funktionell. Jag älskar att titta på fåglarna som fladdrar runt och lyssna på deras sång. Ibland tar jag till och med fram en bok och läser i trädgården medan jag är omgiven av all den skönhet som jag har skapat. **Trädgårdsarbete** är min passion och det ger mig så mycket glädje. Varje dag i min trädgård är en bra dag.

Jag älskar att laga mat och därför är det **viktigt** för mig att ha en välfylld örtträdgård. Timjan, basilika, oregano, rosmarin, salvia och lavendel är bara några av de örter som jag gillar att odla i min trädgård så att jag kan använda dem när jag lagar mat till mig själv eller till **gäster**. En annan sak som är viktig för mig när det gäller min trädgård är att se till att det finns gott om färg i hela trädgården. För att uppnå detta mål odlar jag en mängd olika blommor, bland annat **rosor**, liljor, prästkragar, tulpaner, impatiens, ringblommor osv.

Въпроси за разбиране

1. Къде се намира градината на автора?

2. Колко кокошки има авторът?

3. Какво прави авторът в градината всеки ден?

4. Защо авторът харесва градината?

5. Какви билки засажда авторът в градината?

6. Защо за автора е важно, че в градината му има много цветове?

7. Как авторът разнообразява своята градина?

8. Как се чувства авторът, когато работи в градината си?

9. Какво кара автора да се чувства свързан, когато е в градината си?

10. защо всеки ден в градината на автора е добър ден?

Frågor om förståelse

1. Var ligger författarens trädgård?

2. Hur många höns har författaren?

3. Vad gör författaren i trädgården varje dag?

4. Varför tycker författaren om trädgården?

5. Vilka örter planterar författaren i trädgården?

6. Varför är det viktigt för författaren att det finns många färger i hans trädgård?

7. Hur skapar författaren variation i sin trädgård?

8. Hur känner sig författaren när han arbetar i sin trädgård?

9. Vad är det som gör att författaren känner sig uppslukad när han är i sin trädgård?

10. Varför är varje dag i författarens trädgård en bra dag?

Пазаруване

Обичам да **пазарувам** в мола. Винаги е толкова забавно да се разхождаш и да разглеждаш различните магазини. В мола има за всекиго по нещо и винаги е чудесно място за намиране на изгодни оферти за дрехи, обувки и аксесоари. **Обикновено** започвам пазаруването си, като минавам през главния **вход на** търговския център. Оттам се насочвам първо към любимите си магазини. След като разгледам тези магазини, се разхождам наоколо и проверявам дали на други места има разпродажби. Обикновено прекарвам няколко часа в търговския център, преди най-накрая да направя покупките си. Винаги обичам да не бързам, когато пазарувам, **защото** искам да съм сигурна, че ще взема **точно** това, което искам. Освен това така е по-забавно!

Винаги намирам за **много интересно** да наблюдавам хората, докато съм в мола. По начина, по който пазаруват, наистина можеш да разбереш много за един човек. Някои хора са много методични и не бързат, докато други сякаш грабват **каквото** могат и се отправят към касата възможно най-бързо. Има и такива купувачи, които сякаш са по-заинтересовани да говорят по мобилните си

Att shoppa

Jag älskar att **shoppa** i köpcentret. Det är alltid så roligt att gå runt och titta på alla olika butiker. Det finns något för alla i köpcentret, och det är alltid ett bra ställe att hitta erbjudanden på kläder, skor och accessoarer. Jag **brukar** börja min shoppingtur med att gå genom köpcentrets **huvudentré.** Därifrån går jag först till mina favoritbutiker. Efter att ha tittat igenom dessa butiker går jag runt och ser om det pågår någon rea på andra ställen. Det slutar oftast med att jag tillbringar ett par timmar i köpcentret innan jag slutligen gör mina inköp. Jag gillar alltid att ta god tid på mig när jag shoppar **eftersom** jag vill vara säker på att jag får **exakt** det jag vill ha. Dessutom är det bara roligare på det sättet!

Jag tycker alltid att det är så **fascinerande** att titta på folk när jag är i köpcentret. Man kan verkligen få reda på mycket om en person genom hur de handlar. Vissa människor är mycket metodiska och tar god tid på sig, medan andra bara verkar ta **allt** de kan och gå till kassan så fort som möjligt. Det finns också de shoppare som verkar mer intresserade av att prata i mobiltelefon eller sms:a än att titta på varorna! Oavsett vilken typ av shoppare du är verkar dock alla tycka om att fönstershoppa - även om du faktiskt inte köper något. Det är bara något med att titta på alla vackra saker i

телефони или да пишат съобщения, отколкото да разглеждат стоките! Независимо от това какъв тип купувач сте, изглежда, че всеки обича да пазарува от витрината - дори и да не си купи нищо. Просто има нещо, което ме прави щастлива, когато гледам всички красиви неща по **витрините на** магазините. Понякога си фантазирам какво би било, ако можех да си позволя **всичко, което** виждам! Като цяло, да прекарам един ден в пазаруване в мола е едно от любимите ми занимания. Това е чудесен начин да се отпуснеш и да релаксираш, като същевременно правиш и малко упражнения (ако се разхождаш достатъчно). Освен това **винаги е** хубаво да се поглезиш с нова риза или чифт обувки от време на време!

Имах **дълъг работен** ден и най-накрая имах малко време за себе си, затова реших да отида да пазарувам в търговския център. Трябваха ми нови дрехи за **предстоящия** сезон. Още щом влязох, видях всички ярки светлини и лъскави витрини. Първо се насочих към любимия си магазин и започнах да разглеждам рафтовете. Намерих няколко сладки топа и ги пробвах в съблекалнята. Докато се оглеждах в огледалото, чух, че някой влиза в съседната съблекалня. Разпознах гласа му като на един от колегите ми. Поздравихме се и започнахме да си говорим за работа.

skyltfönstren som gör mig glad. Ibland fantiserar jag om hur det skulle vara om jag hade råd med **allt** jag ser! På det hela taget är en dag i köpcentret en av mina favoritsysselsättningar. Det är ett utmärkt sätt att koppla av och varva ner samtidigt som man får lite motion (om man går runt tillräckligt mycket). Dessutom är det **alltid** trevligt att unna sig en ny skjorta eller ett par skor då och då!

Jag hade haft en **lång** dag på jobbet och hade äntligen lite tid för mig själv, så jag bestämde mig för att shoppa i köpcentret. Jag behövde några nya kläder för den **kommande** säsongen. Så fort jag gick in såg jag alla ljusa lampor och glänsande skyltfönster. Jag gick först till min favoritbutik och började bläddra bland hyllorna. Jag hittade några söta toppar och provade dem i omklädningsrummet. När jag tittade på mig själv i spegeln hörde jag någon komma in i omklädningsrummet bredvid mitt. Jag kände igen rösten som en av mina medarbetare. Vi hälsade på varandra och började prata om jobbet.

Въпроси за разбиране

1. Къде най-много обичате да съхранявате?

2. Кой е любимият ви магазин в търговския център?

3. Колко време обикновено оставате в търговския център?

4. Какво мислите за хората, които прекарват много време в мола?

5. кое е любимото ви занимание в търговския център?

6. Случвало ли ви се е да си купите нещо в мола, когато не ви е било нужно?

7. Как реагирате, когато видите нещо в мола, което много бихте искали, но е твърде скъпо?

8. Случвало ли ви се е да видите нещо в търговския център и да се чудите кой би го купил?

9. Какво е мнението ви за хората, които са заети с мобилните си телефони в мола, вместо да разглеждат магазините?

Frågor om förståelse

1. Var vill du lagra mest?

2. Vilken är din favoritbutik i köpcentret?

3. Hur länge brukar du stanna i köpcentret?

4. Vad tycker du om människor som tillbringar mycket tid i köpcentret?

5. Vad är din favoritsak att göra på köpcentret?

6. Har du någonsin köpt något på köpcentret när du egentligen inte behövde det?

7. Hur reagerar du när du ser något i köpcentret som du verkligen skulle vilja ha, men som är för dyrt?

8. Har du någonsin sett något i köpcentret och undrat vem som skulle köpa det?

9. Vad tycker du om människor som är upptagna med sina mobiltelefoner i köpcentret i stället för att titta på butikerna?

На пазара

Събуждам се рано в събота сутрин, за да стигна до **пазара,** преди да е станало прекалено много хора. Обличам се и излизам от вратата, като по пътя взимам торбичките си за многократна употреба. Докато вървя, започвам да планирам какво искам да приготвя за следващата седмица. Знам, че искам да **запека** зеленчуци поне веднъж, така че ще трябва да купя някои качествени зеленчуци. Искам също така да направя супа или яхния, така че ще трябва да купя и малко месо. Ще трябва да видя какво изглежда добре, когато стигна там. Пазарът е само на няколко пресечки оттук и вече мога да видя разположените сергии и **хората, които** се суетят наоколо.

Пристигам на пазара и се насочвам направо към щанда за зеленчуци. Изборът е прекрасен и аз пълня торбите си с разнообразни **пресни** продукти. Разговарям малко с фермера и той ми препоръчва няколко рецепти. Вълнувам се да ги изпробвам. Разговарям с **фермерите,** докато пазарувам, за да се запозная с тях и техните продукти. След като се сдобивам с всички необходими зеленчуци, преминавам към раздела с месо. Тук съм малко по-колеблива, тъй като не съм сигурна какво искам да

På marknaden

Jag vaknar tidigt på lördagsmorgonen och är ivrig att ta mig till **marknaden** innan det blir för mycket folk. Jag tar på mig några kläder och går ut genom dörren och tar mina återanvändbara väskor på vägen. Medan jag går börjar jag planera vad jag vill göra för veckan som kommer. Jag vet att jag vill **steka** grönsaker minst en gång, så jag måste köpa grönsaker av god kvalitet. Jag vill också göra en soppa eller gryta, så jag måste köpa lite kött också. Jag får se vad som ser bra ut när jag kommer dit. Marknaden ligger bara några kvarter bort, och jag kan redan se hur stånden står uppställda och hur **folk** rör sig där.

Jag kommer till marknaden och går direkt till grönsaksståndet. Utbudet är vackert, och jag fyller mina påsar med en mängd olika **färska** produkter. Jag pratar med bonden en stund och han rekommenderar mig några recept. Jag är förväntansfull och vill prova dem. Jag pratar med **jordbrukarna** medan jag handlar och lär känna dem och deras produkter. När jag har alla grönsaker jag behöver går jag vidare till köttavdelningen. Jag är lite mer tveksam här, eftersom jag inte är säker på vad jag vill köpa. Till slut bestämmer jag mig för kyckling eftersom det är mångsidigt och kan användas i en mängd olika rätter. Jag köper också

взема. В крайна сметка се спирам на пилешкото, защото то е универсално и може да се използва в различни ястия. Купувам също така няколко различни разфасовки месо, като се уверявам, че имам говеждо месо, хранено с трева, и **пилешко месо,** отглеждано на свободни места. Месарят беше приятелски настроен човек, винаги весел въпреки дългите часове работа. Той опакова пилешките ми гърди и пържолата, преди да ми разкаже за плановете си за уикенда. Сбогувах се с него и продължих по пътя си. Взех и няколко яйца и сирене от раздела за млечни продукти.

Пазарът гъмжеше от хора, които нямаха търпение да се сдобият с предлаганите пресни продукти и месо. Въздухът беше наситен с миризма на чесън и лук, а в него се чуваха смехове и разговори. Проправих си път през тълпата, избирайки останалите продукти, които ми трябваха за седмичното пазаруване. Напълних **кошницата** си с плодове и зеленчуци, макаронени изделия и хляб, преди да се отправя към касата. Опашката беше дълга, но се движеше бързо. Най-накрая последните **хранителни продукти** бяха купени и беше време да се прибера у дома. Колата беше натоварена, а пътуването до дома беше дълго и уморително. Трафикът беше натоварен, а жегата - потискаща. Накрая колата спря на алеята и облекчението беше осезаемо.

några olika köttstycken och ser till att få gräsbetat nötkött och frigående **kyckling**. Slaktaren var en vänlig man som alltid var glad trots de långa arbetsdagarna. Han lindade in mina kycklingbröst och min biff innan han pratade med mig om sina helgplaner. Jag tog farväl av honom och fortsatte min väg. Jag tog också några ägg och ost från mejeriavdelningen.

Marknaden var full av människor som alla var ivriga att få **tag på de** färska råvaror och det kött som erbjöds. Luften var tjock av lukten av vitlök och lök och ljudet av skratt och samtal fyllde luften. Jag tog mig fram genom folkmassan och plockade ut de andra varor som jag behövde till min veckoaffär. Jag fyllde min **korg** med frukt och grönsaker, pasta och bröd innan jag gick till kassan. Kön var lång, men den gick snabbt. Till slut var de sista **matvarorna** inköpta och det var dags att åka hem. Bilen lastades och körningen hem var lång och tråkig. Trafiken var tung och värmen var tryckande. Till slut körde bilen in på uppfarten och lättnaden var påtaglig.

Въпроси за разбиране

1. Къде отива човекът?

2. Какво иска да купи човекът?

3. Колко чанти има човекът?

4. На какво разстояние се намира пазарът?

5. Какво прави човекът в момента?

6. Какво е всичко на пазара?

7. Колко души има на пазара?

8. Колко време е отнело на човека да купи всичко?

9. Как човекът се е прибрал у дома?

10. Какво направи човекът, когато се прибра у дома?

Frågor om förståelse

1. Vart är personen på väg?

2. Vad vill personen köpa?

3. Hur många väskor har personen?

4. Hur långt bort ligger marknaden?

5. Vad gör personen just nu?

6. Vad är allt på marknaden?

7. Hur många personer finns på marknaden?

8. Hur lång tid tog det för personen att köpa allt?

9. Hur åkte personen hem?

10. Vad gjorde personen när han eller hon kom hem?

В кафене

Беше хладна **есенна** сутрин и се бях уговорила да се срещна с моята приятелка Лили в любимото ни кафене на по кафе. Увих се топло в палтото и шала си и тръгнах. Листата падаха от дърветата и въздухът беше напечен, но слънцето грееше и обещаваше да бъде прекрасен ден. Докато вървях, **си мислех** колко е хубаво да имаш приятелка като Лили. Бяхме приятелки от години, откакто се запознахме в **университета**. Свързваше ни любовта към кафето и прекарването на времето в разговори в кафенетата. Въпреки че сега живеехме в различни части на града, все още успявахме да се срещаме на кафе веднъж седмично. Пристигнах в кафенето, а Лили вече беше там и ме чакаше. Прегърнахме се за поздрав и си поръчахме кафета. Намерихме маса до прозореца и се настанихме да си говорим. **Кафето** беше вкусно, както винаги, и беше толкова приятно да си поприказваме с Лили. Говорихме за седмицата, за работата си и за плановете ни за бъдещето. Винаги ми беше толкова лесно да говоря с Лили и имах чувството, че мога да ѝ кажа всичко. След известно време започнахме да огладняваме и **решихме** да си поръчаме храна.

Поръчахме си храна и си намерихме място до

På ett café

Det var en kylig höstmorgon och jag hade bestämt mig för att träffa min vän Lily på vårt favoritkafé för att ta en kaffe. Jag svepte in mig varmt i min kappa och halsduk och gick iväg. Löven höll på att falla från träden och luften hade en liten gnutta, men solen sken och det lovade att bli en vacker dag. Medan jag gick **tänkte** jag på hur bra det var att ha en vän som Lily. Vi hade varit vänner i flera år, ända sedan vi träffades på **universitetet**. Vi hade knutit band till varandra genom vår kärlek till kaffe och genom att tillbringa tid med att prata på kaféer. Även om vi nu bodde i olika delar av staden lyckades vi fortfarande träffas på kaffe en gång i veckan. Jag kom till caféet och Lily var redan där och väntade på mig. Vi kramade varandra hej och beställde sedan våra kaffesorter. Vi hittade ett bord vid fönstret och slog oss ner för att prata. **Kaffet** var utsökt, som alltid, och det var så trevligt att prata med Lily. Vi pratade om vår vecka, våra jobb och våra planer för framtiden. Det var alltid så lätt att prata med Lily och det kändes som om jag kunde berätta allt för henne. Efter ett tag började vi bli hungriga och **bestämde oss för att** beställa lite mat.

Vi **beställde** vår mat och hittade en plats vid fönstret. Solen sken in genom fönstret och fick allt att kännas

прозореца. Слънцето грееше през прозореца и караше всичко да се чувства топло и щастливо. Разговаряхме, докато ядяхме, наслаждавайки се на простото удоволствие да сме в **компанията си**. Кафенето беше оживено, но не се чувстваше претъпкано. Във въздуха се усещаше спокойствие и задоволство. Когато приключихме с храната, седяхме още известно време и се наслаждавахме на спокойната **атмосфера**. Известно време разговаряхме за различни неща, които се случваха в живота ни. Беше толкова приятно да наваксам с приятелката си и просто да **се отпусна**. Слънцето грееше през прозореца и имах чувството, че **нищо не може** да развали перфектния ни ден.

Изведнъж чух силен трясък. Обърнах се и видях, че един човек е паднал през тавана и лежи на пода пред нас. Беше **покрит с** прах и отломки и изглеждаше в безсъзнание. И двамата с приятеля ми бяхме в шок, докато гледахме мъжа, лежащ на пода. Не знаехме какво да правим и на кого да се обадим за помощ. Просто седяхме там и го гледахме, без да знаем какво да правим. След няколко минути се съвзех и се обадих на 911. Операторът ми каза, че скоро някой ще дойде. Свърших телефона и казах на приятеля си какво е казал **операторът.** И двамата просто седяхме и чакахме да пристигне помощ. Струваше ми се, че е цяла вечност, но накрая **се появи** линейка.

varmt och glatt. Vi pratade medan vi åt vår mat och njöt av det enkla nöjet att vara i varandras **sällskap**. Caféet var upptaget, men det kändes inte trångt. Det fanns en känsla av frid och tillfredsställelse i luften. När vi hade ätit upp vår mat satt vi en stund till och njöt av den fridfulla **atmosfären**. Vi pratade en stund om olika saker som hade hänt i våra liv. Det var så skönt att få prata med min vän och bara **slappna av**. Solen sken genom fönstret och det kändes som om **ingenting** kunde förstöra vår perfekta dag.

Plötsligt hörde jag en hög ljudlig krasch. Jag vände mig om och såg att en man hade fallit genom taket och låg på golvet framför oss. Han var **täckt av** damm och skräp och verkade vara medvetslös. Min vän och jag var båda i chock när vi stirrade på mannen som låg på golvet. Vi visste inte vad vi skulle göra eller vem vi skulle ringa efter hjälp. Vi satt bara där och stirrade på honom utan att veta vad vi skulle göra. Efter några minuter kom jag till mig själv och ringde 112. Operatören sa till mig att någon skulle vara där snart. Jag lade på luren och berättade för min vän vad **operatören** hade sagt. Vi båda satt bara där och väntade på att hjälpen skulle komma. Det kändes som en evighet, men till slut **kom** en ambulans.

Въпроси за разбиране

1. Откъде идва човекът, който пада през покрива?

2. Защо жената е с приятелката си в кафенето?

3. Кое е любимото кафене на двамата приятели?

4. Откога се познават двамата приятели?

5. Коя е любимата напитка на двамата приятели?

6. В кой град живеят двамата приятели?

7. Колко често се срещат двамата приятели?

8. За какво си говорят двамата приятели, когато се срещат за първи път в любимото си кафене?

9. Коя е любимата храна на двамата приятели?

10. Защо е толкова лесно да се говори с Лили?

Frågor om förståelse

1. Varifrån kommer mannen som faller genom taket?

2. Varför är kvinnan med sin väninna på kaféet?

3. Vilket är de två vännernas favoritkafé?

4. Hur länge har de två vännerna känt varandra?

5. Vad är de två vännernas favoritdryck?

6. I vilken stad bor de två vännerna?

7. Hur ofta träffas de två vännerna?

8. Vad pratar de två vännerna om när de först träffas på sitt favoritkafé?

9. Vad är de två vännernas favoritmat?

10. Varför är det så lätt att prata med Lily?

Плуване

Басейнът винаги е бил **освежаващо** място и днес не беше по-различно. Слънцето грееше и водата изглеждаше привлекателна. Поех си дълбоко въздух и се гмурнах, усещайки хладната прегръдка на водата. Известно време плувах в кръг, наслаждавайки се на упражненията и възможността да прочистя главата си. След известно време излязох и се подсуших, после седнах на една кърпа, за да се отпусна на слънце. Затворих очи и оставих **топлината** да ме облее, усещайки как мускулите ми започват да се отпускат. Изведнъж чух плясък и отворих очи, за да видя малката ми сестра **да гребе в** плитката част. Усмихнах се и я гледах известно време, после станах и отидох при нея. Поговорихме си малко и гребахме заедно, наслаждавайки се на компанията си. Скоро към нас се присъединиха и родителите ни и прекарахме остатъка от следобеда в плуване и игри заедно. Винаги е било толкова приятно да прекараш време със семейството си на басейна. Има **нещо** във водата, което сякаш сплотява хората. Може би защото всички сме равни, когато сме във водата - не можем да крием недостатъците си или да се преструваме на нещо, което не сме. А може би е просто защото е забавно! **Каквато и да е** причината, аз просто се радвах, че

Att simma

Poolen var alltid en **uppfriskande** plats att vara på, och idag var det inte annorlunda. Solen sken och vattnet såg inbjudande ut. Jag tog ett djupt andetag och dök ner och kände vattnets svala omfamning. Jag simmade varv ett tag och njöt av motionen och chansen att rensa huvudet. Efter en stund gick jag ut och torkade mig, och satte mig sedan på en handduk för att slappna av i solen. Jag slöt ögonen och lät **värmen** skölja över mig och kände hur mina muskler började slappna av. Plötsligt hörde jag ett plask och öppnade ögonen för att se min lillasyster **paddla** runt i den grunda delen. Jag log och tittade på henne en stund, sedan reste jag mig upp och gick över till henne. Vi pratade lite och paddlade runt tillsammans och njöt av varandras sällskap. Snart anslöt sig våra föräldrar till oss och vi tillbringade resten av eftermiddagen med att simma och spela spel tillsammans. Det var alltid så trevligt att tillbringa tid med familjen vid poolen. Det är **något** med att vara i vattnet som bara verkar föra människor samman. Kanske beror det på att vi alla är lika när vi är i vattnet - vi kan inte dölja våra brister eller låtsas vara något vi inte är. Eller kanske är det bara för att det är roligt! **Oavsett vad** anledningen är så var jag bara glad att vi alla kunde samlas och njuta av varandras sällskap på en så speciell plats.

всички можем да се съберем и да се насладим на компанията си на такова специално място.

Слънцето напичаше кожата ми, а във въздуха се носеше миризма на хлор. Чувах звуците на деца, които се смееха и се плискаха в басейна. Лежах на шезлонг до басейна, попивах слънчевите лъчи и **се наслаждавах на** деня. Бях затворила очи и тъкмо се канех да се унеса в сън, когато чух, че някой върви към мен. Отворих очи и видях една жена, която стоеше до мен. Беше облечена в бикини и с хавлиена кърпа, увита около талията ѝ. Имаше дълга руса коса и сини очи. В ръката си държеше шишенце със **слънцезащитен крем.** “Имаш ли нещо против да намажа гърба ти със слънцезащитен крем?” - попита тя. “Не, няма проблем”, казах аз и седнах, за да може тя да достигне гърба ми. Усетих ръцете ѝ върху кожата си, докато нанасяше слънцезащитния крем.

Докосването ѝ беше нежно, а ароматът на слънцезащитния крем - успокояващ. Отново затворих очи и се оставих да се отпусна. Чувах **звука от** движението ѝ, но не отварях очи. Бях доволен, че просто лежах на слънце и слушах шума на вълните, които **се разбиваха в** брега. След няколко минути тя се отдалечи и аз отворих очи. Гледах я как се връща към шезлонга си и взема книгата си.

Solen slog ner på min hud och lukten av klorin låg i luften. Jag kunde höra ljudet av barn som skrattade och plaskade runt i poolen. Jag låg på en solstol vid poolen och njöt av solen och **njöt av** dagen. Jag hade ögonen stängda och skulle precis somna när jag hörde någon komma fram till mig. Jag öppnade ögonen och såg en kvinna stå bredvid mig. Hon hade en bikini på sig och en handduk lindad runt midjan. Hon hade långt blont hår och blå ögon. Hon höll en flaska **solkräm i** handen. "Har du något emot att jag smörjer in din rygg med solkräm?" frågade hon. "Nej, det är okej", sa jag och satte mig upp så att hon kunde nå min rygg. Jag kände hennes händer på min hud när hon applicerade solkrämen.

Hennes beröring var mild och doften av solkrämen var lugnande. Jag slöt ögonen igen och lät mig slappna av. Jag kunde höra **ljudet av att** hon rörde sig, men jag öppnade inte ögonen. Jag var nöjd med att bara ligga där i solen och lyssna på ljudet av vågorna **som slog** mot stranden. Efter några minuter gick hon iväg och jag öppnade ögonen. Jag tittade på henne när hon gick tillbaka till sin solstol och plockade upp sin bok.

Въпроси за разбиране

1. Къде е бил разказвачът, когато започва разказа?

2. Какво усеща разказвачът, когато отваря очи?

3. Какво чува разказвачът, когато отваря очи?

4. Чий слънцезащитен крем дава жената на разказвача?

5. За какво мечтае разказвачът?

6. Защо плуването в морето е толкова специално за разказвача?

7.Какво е усещането за водата, в която плува разказвачът?

8. Какво вижда разказвачът, когато излиза от водата?

9. Какво прави жената, след като слага слънцезащитния крем на разказвача?

10. За какво си говорят разказвачът и жената в края на разказа?

Frågor om förståelse

1. Var befann sig berättaren när han började berättelsen?

2. Vad luktar berättaren när han öppnar ögonen?

3. Vad hör berättaren när han öppnar ögonen?

4. Vems solkräm ger kvinnan berättaren?

5. Vad drömmer berättaren om?

6. Varför är det så speciellt för berättaren att simma i havet?

7.Hur känns vattnet som berättaren simmar i?

8. Vad ser berättaren när han kommer upp ur vattnet?

9. Vad gör kvinnan efter att hon har smörjt in berättaren med solkräm?

10. Vad pratar berättaren och kvinnan om i slutet av berättelsen?

Косене на тревата

Лятна **събота е** в 10 часа сутринта и слънцето вече пече безмилостно. Тръгвате към гаража, за да вземете косачката, и се чувствате като **осъдени на** тежък труд. Започвате да косите тревата, като внимавате да вървите бавно и спокойно, за да не пропуснете някое място. Докато косите, си мислите колко хубаво е да си навън, на чист въздух. Когато започвате да бутате косачката напред-назад по тревата, виждате с ъгъла на **окото си** съседа си. Махате му и го поздравявате, а той ви отвръща с махане.

След няколко минути приключвате и отивате при съседа си, за да изпиете по бира в градината пред дома му. Денят е **идеален -** не е прекалено горещо, духа лек ветрец. Седите на сянката на дървото, отпивате от бирата и разговаряте със съседа си. Дни като този ви карат да цените лятото. След това **се отправяте към** вътрешността за заслужена бира. Облягате се на един стол на верандата и отваряте кутията, като въздишате доволно. Звукът на косачката остава на заден план, докато вие се отпускате на сянка и се наслаждавате на **спокойствието на** момента. Бирата е изключително

Klippning av gräsmattan

Klockan är 10 på förmiddagen en **sommarlördag och** solen slår redan obarmhärtigt ner. Du går ut i garaget för att hämta gräsklipparen och känner att du är **dömd** till hårt arbete. Du börjar klippa gräsmattan och ser till att gå lugnt och sakta så att du inte missar några ställen. Medan du klipper tänker du på hur bra det känns att vara ute i den friska luften. När du börjar skjuta gräsklipparen fram och tillbaka över gräsmattan ser du din granne ur **ögonvrån**. Du vinkar och säger hej, och han vinkar tillbaka.

Efter några minuter är du klar och går till din granne för att ta en öl med honom i trädgården. Det är en **perfekt** dag - inte för varmt, med en lätt bris som blåser. Du sitter där i skuggan av trädet, dricker din öl och pratar med din granne. Det är sådana här dagar som gör att man uppskattar sommaren. Sedan **går** du in och tar en välförtjänt öl. Du slår dig ner i en stol på verandan, öppnar burken och suckar nöjt. Ljudet från gräsklipparen försvinner i bakgrunden medan du slappnar av i skuggan och njuter av stundens **lugn.** Ölet smakar extra gott efter allt hårt arbete i värmen. Jag skulle just gå in när jag hörde ett ljud i grannhuset.

Det **lät** som om någon grät. Jag slutade klippa och gick

вкусна след цялата тази тежка работа в жегата. Тъкмо се канех да вляза вътре, когато чух шум в съседната стая.

Сякаш някой плачеше. Спрях да кося и отидох до оградата, която разделяше дворовете ни. Надникнах и видях съседката ми, госпожа Джонсън, да плаче на люлката си на верандата. Извиках й, но тя не ме чу. Прескочих оградата и отидох при нея. "Госпожо Джонсън, добре ли сте?" Попитах. Тя ме погледна със сълзи в очите и поклати глава. "Не, не съм добре", каза тя. "Котката ми умря вчера." Бях шокирана. Не знаех какво да кажа. Просто стоях неловко, без да знам какво да правя. Накрая сложих ръка на **рамото** ѝ и казах: "Много съжалявам, госпожо Джонсън. Ако мога да направя нещо, за да помогна, моля, кажете ми. " Тя поклати глава и каза: "Не, никой **нищо не може** да направи." След това стана и влезе в къщата си. Постоях там за момент, без да знам какво да правя. След това се върнах към косенето на тревата си. Докато приключвах, не можех да не си помисля за госпожа Джонсън и нейната котка.

över till staketet som skiljde våra trädgårdar åt. Jag tittade över och såg min granne, Mrs Johnson, gråta på sin verandagunga. Jag ropade på henne, men hon hörde mig inte. Jag klättrade över staketet och gick över till henne. “Mrs Johnson, mår ni bra?” Jag frågade. Hon tittade upp på mig med tårar i ögonen och skakade på huvudet. “Nej, jag mår inte bra”, sade hon. “Min katt dog i går.” Jag blev chockad. Jag visste inte vad jag skulle säga. Jag stod bara där obekvämt och visste inte vad jag skulle göra. Till slut lade jag min hand på hennes **axel** och sa: “Jag är så ledsen, mrs Johnson. Om det finns något jag kan göra för att hjälpa till, så säg till. “ Hon skakade på huvudet och sa: “Nej, det finns **ingenting som** någon kan göra”. Sedan reste hon sig upp och gick in i sitt hus. Jag stod där en stund och visste inte vad jag skulle göra. Sedan gick jag tillbaka till att klippa min gräsmatta. När jag blev klar kunde jag inte låta bli att tänka på Mrs Johnson och hennes katt.

Въпроси за разбиране

1. Колко е часът?

2. Къде коси човекът?

3. Как се чувства човекът?

4. Защо човекът трябва да коси бавно?

5. Какво е времето?

6. Какво прави човекът след косенето?

7. Какво чува човекът, преди да се прибере у дома?

8. Кой е с г-жа Джонсън?

9. Защо г-жа Джонсън плаче?

10. какво казва лицето на г-жа Джонсън?

Frågor om förståelse

1. Vad är klockan?

2. Var är personen som klipper?

3. Hur känner sig personen?

4. Varför måste personen klippa långsamt?

5. Vad är det för väder?

6. Vad gör personen efter klippningen?

7. Vad hör personen innan han går hem?

8. Vem är med fru Johnson?

9. Varför gråter fru Johnson?

10. Vad säger personen till fru Johnson?

Подстригване

От седмици се канех да се подстрижа, но някак си все отлагах. Но тъй като **Коледа беше съвсем близо,** знаех, че не мога да отлагам повече. Не исках да се появявам на коледната вечеря на семейството си, изглеждайки като разхвърлян. Затова рано сутринта на Коледа се отправих към салона. Въпреки че беше рано, салонът вече беше зает с други хора, които си правеха прически за празника. Заех мястото си на опашката и зачаках реда си. Накрая дойде моят ред на стола. Стилистката, дружелюбна жена на име Джил, ме попита какво искам. "Само подстригване, нищо драстично", отговорих. Джил се зае с работата си, като подстригваше косата ми. Докато работеше, аз започнах да се отпускам. Чувствах се добре, че най-накрая се грижа за себе си. Напоследък бях толкова заета да се грижа за всички останали, че бях оставила собствените си нужди на заден план. Но **вече** не е така. Отсега нататък щях да отделям време за себе си.

Когато Джил приключи, се погледнах в огледалото и останах доволна от видяното. Косата ми изглеждаше спретнната и полирана - идеална за празнични събирания. **Благодарих на** Джил и **си**

Att klippa sig

Jag hade tänkt klippa mig i flera veckor, men på något sätt lyckades jag alltid skjuta upp det. Men med **julen** runt hörnet visste jag att jag inte kunde skjuta upp det längre. Jag ville inte dyka upp till familjens julmiddag och se ut som en slarvig röra. Så tidigt på juldagsmorgonen begav jag mig till salongen. Trots att det var tidigt var salongen redan upptagen med andra människor som **skulle** fixa håret inför julen. Jag tog plats i kön och väntade på min tur. Slutligen var det min tur i stolen. Stylisten, en vänlig kvinna vid namn Jill, frågade mig vad jag ville ha. “Bara en trimning, inget alltför drastiskt”, svarade jag. Jill började arbeta och klippte bort mitt hår. Medan hon arbetade började jag slappna av. Det kändes bra att äntligen ta hand om mig själv. Jag hade varit så upptagen den senaste tiden, jag hade sprungit runt och tagit hand om alla andra, att jag hade låtit mina egna behov falla bort. Men inte **längre**. Från och med nu skulle jag ta mig tid för mig själv.

När Jill var klar tittade jag mig i spegeln och var nöjd med vad jag såg. Mitt hår såg snyggt och polerat ut - perfekt för semestermöten. Jag **tackade** Jill och gjorde en **mental** anteckning om att komma tillbaka oftare. Från och med nu kommer jag att ta hand om mig själv först och främst. Hon började arbeta med att klippa

записах да се връщам по-често. Отсега нататък ще се грижа преди всичко за себе си. Тя се зае с подстригването на косата ми. Помислих си колко съм благодарна, че най-накрая се заех да се подстрижа. Чувствах се добре да знам, че ще изглеждам прилично за коледната **вечеря**. Вече нямаше да се притеснявам, че семейството ми ще ми се подиграва за "мършавия" ми външен вид. След няколко минути фризьорката приключи с подстригването и ме изсуши набързо. Погледнах се в огледалото и останах доволна от видяното - изчистена прическа, която щеше да е идеална за коледната вечеря. Сега, когато подстригването ми беше приключило, можех да се съсредоточа върху това да се насладя на празника със семейството си. И бях още по-благодарна за това.

Чувствах се толкова **освободена** и ми хареса как изглеждаше новата ми прическа. След като платих за подстригването, се прибрах вкъщи и започнах да събирам багажа за пътуването си. **Нямах** търпение да покажа новата си визия на семейството и приятелите си. Знаех, че ще се изненадат, когато ме видят. В деня на полета пристигнах на летището с достатъчно свободно време. Преминах през проверката за сигурност без никакви проблеми и скоро бях на път. Щом пристигнах на местоназначението си, усетих вълнението във въздуха.

mitt hår. Jag tänkte på hur tacksam jag var för att jag äntligen hade hunnit klippa mig. Det kändes bra att veta att jag skulle se presentabel ut till **julmiddagen**. Jag skulle inte längre behöva oroa mig för att min familj skulle retas med mig om mitt "slarviga" utseende. Efter några minuter var stylisten klar med att klippa mitt hår och gav mig en snabb föning. Jag tittade i spegeln och var nöjd med vad jag såg - en ren frisyr som skulle passa perfekt till julmiddagen. Nu när min klippning var avklarad kunde jag fokusera på att njuta av julen med min familj. Och det var jag ännu mer tacksam för.

Det kändes så **befriande** och jag älskade hur min nya frisyr såg ut. När jag hade betalat för frisyren gick jag hem och började packa för min resa. Jag **kunde inte** vänta med att visa upp min nya look för min familj och mina vänner. Jag visste att de skulle bli förvånade när de såg mig. På dagen för mitt flyg anlände jag till flygplatsen med gott om tid över. Jag gick igenom säkerhetskontrollen utan några problem och snart var jag på väg. Så snart jag kom fram till min destination kunde jag känna spänningen i luften.

Въпроси за разбиране

1. Какво трябва да направи главният герой преди Коледа?

2. Как се е чувствала героинята, когато се е грижила за себе си?

3. Кой подстригва косата на главния герой?

4. Защо семейството на главната героиня щеше да й се подиграва?

5. Как се чувства главната героиня, след като се подстригва?

6. Какво прави главната героиня, след като се подстригва?

7. Каква е реакцията на семейството на главната героиня на нейното подстригване?

8. Какво прави главният герой на Бъдни вечер?

9. Кое е направило преживяването на героя по-специално?

10. Какво би се случило, ако главният герой не се подстриже?

Frågor om förståelse

1. Vad måste huvudpersonen göra före jul?

2. Hur kände huvudpersonen för att ta hand om sig själv?

3. Vem klippte huvudpersonens hår?

4. Varför skulle huvudpersonens familj retas med henne?

5. Hur kände sig huvudpersonen efter att ha klippt sig?

6. Vad gjorde huvudpersonen efter att ha klippt sig?

7. Hur reagerade huvudpersonens familj på hennes frisyr?

8. Vad gjorde huvudpersonen på julafton?

9. Vad gjorde huvudpersonens upplevelse mer speciell?

10. Vad skulle hända om huvudpersonen inte klippte sig?

Паркът

Слънцето залязваше, а паркът беше пуст. Седях на пейката и чаках **приятеля** си. Бяхме планирали да се срещнем тук преди час, но тя винаги закъсняваше. Точно когато бях на път да се откажа и да се прибера вкъщи, я видях да тича към мен. "Толкова съжалявам", изпъшка тя, когато стигна до пейката. "Влакът ми **закъсня.**" "Всичко е наред", казах **прощално**. "Току-що пристигнах тук." Седнахме и си поговорихме известно време, като се запознахме с живота си от последната ни среща. Разговорът вървеше с **лекота и сякаш** изобщо не беше минало време от последната ни среща. Със залеза на слънцето се сбогувахме и поехме по различни пътища. Следващият път, когато се срещнахме, беше в друг парк. Тя отново закъсня, но аз нямах нищо против. Беше хубаво да имам човек, с когото да говоря и който ме **разбира.** Говорихме за мечтите и **стремежите** си, за нещата, които искахме да направим в живота си. Тя ми разказа за плановете си да пътува по света, а аз споделих мечтата си да стана писател. Когато слънцето залязваше в поредния ден, ние отново си казахме довиждане, като си обещахме този път да поддържаме връзка.

Parken

Solen höll på att gå ner och parken var tom. Jag satt på bänken och väntade på min **vän**. Vi hade planerat att träffas här för en timme sedan, men hon var alltid sen. Precis när jag höll på att ge upp och gå hem såg jag henne springa mot mig. "Jag är så ledsen", flämtade hon när hon kom fram till bänken. "Mitt tåg blev **försenat.**" "Det är okej", sa jag **förlåtande**. "Jag kom precis hit själv." Vi satte oss ner och pratade en stund och berättade om varandras liv sedan vi träffades senast. Samtalet flöt **lätt** och det kändes som om det inte hade gått någon tid alls sedan vi sågs sist. När solen gick ner tog vi farväl och gick skilda vägar. Nästa gång vi träffades var det i en annan park. Återigen var hon sen, men det gjorde inget. Det var skönt att ha någon att prata med som **förstod** mig. Vi pratade om våra drömmar och **ambitioner,** saker vi ville göra med våra liv. Hon berättade om sina planer på att resa runt i världen, och jag delade med mig av min dröm om att bli författare. När solen gick ner på en annan dag tog vi farväl ännu en gång och lovade att hålla kontakten den här gången.

Åren gick, och vår **vänskap** förblev stark även om vi nu bodde i olika delar av landet. Vi höll kontakten genom brev och tillfälliga telefonsamtal och delade

Годините минаваха, а **приятелството** ни оставаше силно, въпреки че сега живеехме в различни части на страната. Поддържахме връзка чрез писма и случайни телефонни обаждания, като си разказвахме новини от живота си. Когато тя обяви, че ще се омъжва, не се **изненадах** - тя винаги е била **авантюристичен** тип. Но когато ме попита дали ще бъда нейна шаферка на сватбената й церемония, която се провежда на половината свят от мястото, където живеех... това изискваше известно убеждаване! В крайна сметка обаче не можех да позволя на най-добрата си приятелка да се омъжи, без да съм до нея, така че въпреки страховете си (и след дълги молби от нейна страна!) **се съгласих** да участвам в това, което се оказа **приключението на** живота ми.

Денят на **сватбата** най-накрая настъпи. Бях нервна, но и развълнувана, че ще бъда част от такъв важен момент в живота на моя приятел. Церемонията беше красива и тя изглеждаше щастлива, докато казваше клетвите си. **След това** отпразнувахме с голямо парти - изглеждаше, че всички, които познаваше, бяха дошли да празнуват с нея! Беше **вълшебен** ден, който никога няма да забравя, а приятелството ни само се засили след това приключение. Сега, години по-късно, продължаваме да поддържаме връзка.

nyheter från våra liv med varandra. När hon meddelade att hon skulle gifta sig blev jag inte **förvånad** - hon hade alltid varit den **äventyrliga** typen. Men när hon frågade mig om jag ville vara hennes hedersbrudtärna vid hennes bröllopsceremoni som ägde rum på andra sidan jordklotet från där jag bodde... det krävdes en del övertalning! I slutändan kunde jag dock inte låta min bästa väninna gifta sig utan mig vid hennes sida, så trots mina farhågor (och efter mycket bön från henne!) **gick** jag **med på** att följa med på vad som visade sig bli sitt livs **äventyr.**

Bröllopsdagen kom äntligen. Jag var nervös, men glad över att få vara en del av ett så viktigt ögonblick i min väns liv. Ceremonin var vacker och hon såg lycklig ut när hon avgav sina löften. **Efteråt** firade vi med en stor fest - det verkade som om alla hon kände hade kommit för att fira med henne! Det var en **magisk** dag som jag aldrig kommer att glömma, och vår vänskap blev bara starkare efter detta äventyr. Nu, flera år senare, håller vi fortfarande kontakten.

Въпроси за разбиране

1. Къде се срещат авторката и нейният приятел за първи път?

2. Защо приятелят на автора е закъснял за срещата им?

3. За какво са си говорили приятелите, когато са се срещнали отново години по-късно?

4. Как се е чувствала авторката, когато е присъствала на сватбената церемония на приятелката си?

5. Опишете обстановката на сватбената церемония.

6. Как се е променило приятелството между двете жени с течение на времето?

7. Каква е мечтата на автора?

8. Къде планира да пътува приятелят на автора?

9. Защо авторката се колебае дали да присъства на сватбената церемония на приятелката си?

Frågor om förståelse

1. Var träffades författaren och hennes vän första gången?

2. Varför var författarens vän sen till mötet?

3. Vad pratade vännerna om när de träffades igen flera år senare?

4. Hur kändes det för författaren att delta i sin väns bröllopsceremoni?

5. Beskriv hur bröllopsceremonin går till.

6. Hur har vänskapen mellan de två kvinnorna förändrats med tiden?

7. Vad är författarens dröm?

8. Vart planerar författarens vän att resa?

9. Varför tvekade författaren att delta i sin väns bröllopsceremoni?

www.ingramcontent.com/pod-product-compliance
Lightning Source LLC
LaVergne TN
LVHW010602160826
845677LV00013B/3216
* 9 7 9 8 3 5 3 1 7 0 2 9 7 *